AQUARIUS

AQUARIUS

AQUARIUS

AQUARIUS

Catcher

一如《麥田捕手》的主角，
我們站在危險的崖邊，
抓住每一個跑向懸崖的孩子。
Catcher，是對孩子的一生守護。

跟著梁旅珠教出好孩子

梁旅珠

跟著梁旅珠教出好孩子 目錄

輯一 家長提問

Part1 學齡前&幼稚園（如海綿般，大量吸收與模仿的時期）

Part2 小學

（如麵包般，不同材料做出不同麵包，不同父母教養出不同孩子）

Part3 國高中（如鞭炮般，一點火星就可能引發連環爆）

Part4 大學～成人（如火車般充滿動能，硬去阻擋或衝撞並不明智）

輯二 學生提問

自從在報上開了親子教養Q&A的專欄後，每週都會收到來自讀者的信。其中，讀起來最讓我感到不捨的，是孩子已成年的父母來信。面對行為想法上已經獨立自主的大「孩子」，家長們遇到了問題，即使想關懷或伸出援手，卻往往力不從心，因而字裡行間滿滿都是焦急與擔憂——該怎麼辦？孩子已經這麼大，是否來不及了呢？

我相信只要有心，絕對不會「來不及」，只是處理難度的確會隨著孩子的年齡增長而越來越高。親子關係是長期的互動，孩子眼前的狀況，必然都植根於過去累積並交互影響的各種「因」。孩子小的時候，父母的諸多選擇與作為，確確實實會影響孩子在觀念、習慣與行為上的發展，我希望新手父母們能重視並珍惜這樣的權力與權利。

當我們把問題依序展開，不難發現，如果希望親子能夠愉快的一起成長，教養不是為了達成什麼了不起的成就與目標，而是為了建立互信與尊重，期待保持溝通管道的暢通。我希望讀者們，不論是新手父母或資深家長，最終都能體會，自以為理解了空泛的道理或停留在抱怨的層次，一點用也沒有；信念與執行力，才是重點。

若發覺現況亟需改善，就要從改變自己做起。

輯一

家長提問

Part 1

學齡前&幼稚園

（如海綿般，大量吸收與模仿的時期）

常有人說孩子的學習就像海綿一樣，給他什麼就吸收什麼，其實人腦的運作方式並非如此簡單。不過，我倒覺得「海綿」還滿適合拿來比喻學齡前的孩子與環境的關係。

幼兒無法獨立行動，必須倚賴養育、陪伴他的成人，這是家長掌握最大決定權和影響力的階段。若想建立父母理想中的親子互動模式，像海綿一樣大量吸收和模仿的「學齡前」正是黃金期。

孩子或許有天生的氣質和個性，但絕對沒有天生的觀念和習慣，因此教養的目標應該放在良好觀念和習慣的養成，這些需要靠父母在日常生活中以各種方式的引導、鼓勵、制止或責罰來達成。

由於幼兒的行動力與破壞力有限，有些父母以為自己講了很多道理給孩子聽，就已經盡到規勸教養的責任，其實不然。聰明的孩子只要發現口頭制裁沒什麼實質的約束力，父母的說教很快就會淪為「無效的嘮叨」。所以父母「動口」之外，也要「動手」執行，才有辦法做到有效的教養。

每天上演吵架戲碼？

Q

我是您的忠實讀者，有一個幼兒教養的問題，很希望能聽聽您的建議。我的女兒四歲半，兒子兩歲九個月，兩人常吵架或有肢體上的推擠，每天下班回家都要聽公婆告狀並處理。

孩子都不夠尊重公婆，我一開始都好好說，他們也承諾會相親相愛，但依舊常上演吵架戲碼。後來我就處罰他們並訓話，但白天我看不到時，女兒會學我的口氣對弟弟訓話，弟弟若不順從她就用強迫的，兒子也不願分享，還常搶姊姊的東西。

雖然是小事，但每晚下班後面對這些都讓我很焦慮，怕錯過教育孩子性格的黃金期。請問我該怎麼做？

A 讀完您所描述的情況不禁莞爾，因為跟我家孩子小的時候，幾乎是一模一樣啊！

孩子爭吵是自然、正常的現象

所以，我要先恭喜您，您的孩子和家庭互動再正常不過了！只有年紀差距比較大的姊姊才會懂得照顧弟妹，年齡近的手足，本來就是會在打打鬧鬧中一起長大。不過也因為如此，他們的感情通常會比年齡差距大的手足間更好、更親近。沒有任何孩子天生就懂得相親相愛……同一胎生出來的小動物喝奶都是用搶的，因為自然界的生存法則就是要競爭。所以，首先要調整自己的心情和想法，不需要為此感到焦慮。

「公平」是讓兄弟姊妹感情好的關鍵

這些小狀況可以暴露出一些問題，讓父母得以趁機經由反覆的解說、指導，協助孩子建立觀念、習慣。通常孩子年紀越小，事況越輕微，越容易處理，所以我們對每天發生的小戲碼其實該心存感謝呢！若能轉個念頭好好把握，您會發現這是契機，絕非煩惱。

我認為「公平」是讓兄弟姊妹感情好的關鍵，所以父母無論如何在這方面要多用心。如果經濟情況允許，盡量在物質上一律平等，因為「不患寡而患不均」是人之常情。

當然，總是會有孩子各自不同狀況或外來的禮物，這時候家長就要耐著性子，把握機會「曉以大義」。清楚界定共同擁有或私人擁有的東西：公有物品要有輪流使用的規則，私人物品必須相互尊重，學會「借」與「還」的概念。

適度的痛感處罰，須搭配事後的安撫說明

每一次的溝通、講話，都是我們協助孩子建立觀念、習慣的時候，對年紀這麼小的孩子，絕對不要因孩子哭鬧無理而讓步，一次都不行。

學齡前的孩子，適度的痛感處罰是有效果的，但等孩子平靜下來時還是要確實說明處罰的原因，年紀越小，要講得越簡單、易懂，不需要講落落長的道理。

父母是孩子學習的榜樣，所以孩子模仿父母說話方式是很自然的。他們只是為

了達到目的，不懂得什麼該說，什麼不該說，因此我們要糾正孩子不適當的說話內容和語氣。

要對孩子解釋為什麼他們不該模仿大人說話，了解人際關係的尊卑禮貌，指導他們在相同情況下，整個對話要怎麼說才對。

讓孩子學習，換個方式、語氣說話，就不會吵架了

父母可以把一些吵架的對話，修正語氣、用詞後，讓他們跟著互相重講一遍。從中孩子就會學到：喔，原來一樣的事，如果我換個方式說，兩個人就不會吵起來了。

爭執一定會有，這樣的過程其實對孩子是一種人際關係的訓練。不過推擠、動手一定要嚴禁，讓孩子明白意見不同，可以用言語溝通，但無論如何動手就是不對。

從信中看來，您的公婆不但幫忙照顧孩子，還願意在教養上跟您配合，您真的十分幸運！如果長輩不反對的話，我建議您請他們看看我的書，讓他們時時提醒自己，一時心軟的寵溺、讓步，將會後患無窮。

在這麼小的年紀，相處時間最長的家長，才是真正扮演形塑者角色的人，所以他們的態度和做法是很重要的。

如何讓白天和晚上的時間連結延續，形成價值觀一致的教育環境？是您要花腦筋好好思考的問題。

找出不打罵，且容易執行的獎懲方式

不妨找個周末跟公婆研究，怎樣讓孩子尊重爺爺奶奶，找出公婆不需打罵，就很容易執行的獎懲方式。

比方說，多數幼齡孩子不論再怎麼吵架，終究都是喜愛玩在一起的，所以如果爭吵情事發生，就厲行「隔離」，讓他們在媽媽回家前都沒有機會在一起玩，或是沒收他們喜愛的玩具。

換個心情和角度，在孩子需要也希望您關心、指導的時候，心平氣和的好好享受這些小麻煩吧！相信我，十幾年的時間轉眼就過喔！

家・長・可・以・這・樣・做：

1先調整自己的想法與心情，了解手足間的爭吵是自然、正常的現象。

2「公平」是讓兄弟姊妹感情好的關鍵，家長在各方面都要盡量做到一律平等。

3 讓孩子建立習慣時，父母一次都不能讓步。

4 把一些吵架的對話，修正語氣、用詞後，讓孩子跟著互相重講一遍。讓孩子學到：喔，原來一樣的事，如果我換個方式說，兩個人就不會吵起來了。

5 如果爭吵情事發生，就厲行「隔離」，讓他們在媽媽回家前都沒有機會在一起玩，或是沒收他們喜愛的玩具。

媽媽兇，會不會造成孩子沒自信？

Q

我的女兒今年四歲半，個性活潑、好動。想請教您：在嚴格管教生活習慣及長時間陪伴幼兒的情況下，您如何拿捏孩子的哪些情緒反應，該管教、該糾正？哪些情緒反應，可以接受、不處理呢？

如何可以避免因嚴格管教，造成孩子的反彈及親子衝突或陽奉陰違的情形呢？媽媽很兇，會不會造成孩子個性內縮、沒自信？

A

很多人以為媽媽要兇、要嚴格，就是得整天板著一張臉，或講話兇巴巴，其實並不是這樣。

父母對規矩的要求，必須堅持

我所謂的「兇」，或許應該說是一種在教養上，策略性採取的態度，並不是像刻板印象中的軍人父親一樣，總是嚴厲又不苟言笑。

當父母想要訂定規矩，在引導、規範孩子的時候，一定要說話算話，表現出嚴格的堅持，這樣孩子才會理解規矩有哪些，範圍在哪裡。

家長要先想清楚，只要是合理的規範或要求，一旦提出後，就得說一不二，不要朝令夕改，或是不照做也沒關係。

反應和處置一定要清楚明快，不然孩子就會把父母的態度解讀為「爸媽說的，我不聽也沒關係」，很快就會把父母的話當耳邊風。

不少父母自認為認真教養，其實只是認真嘮叨

有不少家長很認真叨叨唸唸，當孩子意圖挑戰或摸魚時，卻沒有表現堅定的態度或作為，長久下來，就成了自以為認真教養，其實只做到認真嘮叨的父母，孩子終究會更加我行我素。

年紀小的孩子行動力或破壞力有限，沒有危機意識的父母或許感受不到嚴重性，但等到十幾歲的孩子開始有脫序行為，又懂得運用籌碼，對抗或反制父母，就會發現想管，也管不住了。

鞭子（處罰）與胡蘿蔔（獎勵）交叉運用

沒有一種單一的態度可以應付所有的狀況，因此，教養、引導的過程中，本來就是需要鞭子（處罰）與胡蘿蔔（獎勵）交叉運用。

平時的相處，就保持適度的溫柔與溫暖；孩子有了好的行為和表現，父母當然要適時適度的給予讚美和鼓勵；孩子犯錯，該有的糾正、規勸和處罰也不可少。從這些父母態度的轉換中，孩子自然可以清楚理解什麼樣的行為是好的，會受到鼓勵；什麼樣的行為是不對的，會受到責難或處罰。不分場合、狀況，又沒有道理的兇，才會造成沒自信、內縮的孩子。

由於親子相處的狀況百百種，很難簡言道清楚，基本原則就是，因為孩子不懂、無心而犯的錯，要耐心加以規勸、指導；若是刻意，甚至惡意的行為，除了要先了解原因和孩子的想法，加以勸導之外，一定要處罰，並依狀況，讓孩子學習道歉，和從行為上彌補。

比方說，孩子沒注意到牛奶沒加蓋，不小心打翻，弄得到處髒兮兮。不要打罵，可以教導孩子拿取物品時要小心、該如何注意，並讓孩子一起幫忙收拾。

如果妹妹無理挑釁哥哥，吵完架後，哥哥故意拿牛奶去淋污妹妹的椅子或打妹妹，父母就得要清楚對事予以處置。妹妹必須要道歉，哥哥也必須為他的不當行為負責，面對處罰。

當孩子撞到桌子，父母打桌子是錯誤的

對孩子情緒反應的處理也是一樣。舉例來說，三歲的孩子走路不慎撞了桌子，狀況不嚴重，卻還是因疼痛而大聲哭泣，這時大人應該讓孩子適度釋放因疼痛引起的情緒反應，不必嚴厲制止。

但我覺得大人不該以「過度」的憐惜或關懷來安撫，而是在孩子適度的情緒釋放後，引導孩子安靜下來，練習做擦藥等面對狀況的處置行為。

大人更不該打桌子或罵桌子，而是該趁機提醒孩子走路時，應該如何注意危險的桌角等等。因為事實上桌子並沒有錯，即使是小小孩，也應該要接收正確、合理的觀念和邏輯。

如果孩子吵著要玩具，或因不合理要求而哭鬧，家長就該「淡定」、不理會，

絕對不可以讓孩子習慣以哭鬧來達到目的。

從我自己和身邊親友的案例觀察，我認為用心、公正而理性的管教，絕不會引起孩子反彈或親子衝突。

一個孩子從小到大，成長過程中對父母掩蓋小過失在所難免，其實無傷大雅。父母只要能做到態度公正、不護短徇私，自然可以接收到身邊親友、學校師長和同學家長等各方傳來關於孩子在外表現的資訊與消息，孩子就很難「陽奉陰違」。

家．長．可．以．這．樣．做：

1 父母訂規矩，一定要說話算話，不要朝令夕改，或不照做也沒關係。不然孩子很快就會把父母的話當耳邊風。

2 沒有一種單一的態度可以應付所有狀況，在教養過程中，需要鞭子（處罰）與胡蘿蔔（獎勵）交叉運用。

3 如果因為孩子不懂、無心而犯的錯，要耐心地加以規勸、指導；若是刻意，甚至惡意，除了先了解原因，加以勸導外，一定要處罰，並讓孩子學習道歉，和從行為上彌補。

4 當孩子撞了桌子，大人不該打、罵桌子，除了讓孩子抒發痛的情緒外，也該提醒孩子走路，應該如何注意危險的桌角等等，讓孩子學會合理的觀念和邏輯。

孩子在公共場所吵鬧？

Q

我有一個五歲的兒子，平常兒子是讓我媽媽帶。有一天，我和太太、媽媽及兒子一起到餐廳用餐，只見平日非常聽奶奶的話的兒子，一看到我，就要求我帶他到隔壁的7-11買東西。

我對兒子說我們在餐廳呀，可以吃很多東西，有冰淇淋、飲料、水果等等，但兒子還是不停吵鬧，連平常最威嚴的奶奶說話也沒有用。

我不想養成兒子的壞習慣，我該怎麼處理？

A 您的問題雖然只提到孩子某一天的狀況，但從您的描述中看得出來，您的態度和做法，應該就是問題的核心喔！

現在許多年輕夫妻都要上班，不得不把孩子交給親友或保母照顧。您非常幸運，您的母親不但幫忙照顧孩子，看起來管教方式也相當嚴謹、有原則，不像在一般家庭發生的兩代教養不同調問題，多半是由長輩寵溺造成。

如果希望孩子情緒穩定，並養成好習慣，生活環境中的所有大人，在教養上最好都能同一陣線。

教養的大忌

忙於工作的家長，通常都會很珍惜跟孩子相處的時間，有時會因「不想破壞跟孩子在一起時開心、快樂的感覺」，而捨不得嚴格要求孩子遵守規範，或是為了不讓孩子在公共場所哭鬧而投降，其實這樣反而犯了教養的大忌，因為孩子並不會因為大人讓他順心如意而變得更聽話、乖巧。

從這樣的交手經驗，孩子真正學到的是：第一，家裡的幾個「山頭」，哪一個最容易攻。第二，只要我在公共場所哭鬧，大人就拿我沒輒！

我常跟家長們說，如果五歲的孩子就管不動，還能指望他十五歲以後會乖乖聽爸媽的話嗎？

父母對孩子的規範，一次都不能妥協

對小小孩的規範，只要合情合理，一旦出口，就要執行到底，這是家長建立威信的第一步。尤其當孩子哭鬧，更是絕對不能妥協，免得孩子以為哭鬧反而可以達到目的。在家裡只要能做到百分百的執行「績效」，孩子就不會常常動腦筋，挑戰父母的底線。

此外，家裡的大人要達成共識，有意見，要利用孩子不在場時討論，絕對不可在孩子面前為管教問題互相扯後腿，甚至爭執。家長中只要有人說不可以，其他人就絕對不要出面緩頰或推翻。

無效的教養方式

對於孩子的吵鬧，父母若能做到態度「淡定」，語氣「堅定」，不必罵，不用體罰，也可以達到效果。因為孩子很精明，他如果發現越是吵鬧，越得不到他想要的，就絕不會繼續那樣做。

學齡前的孩子理解力有限，家長想制止不當行為，說明理由要簡短易懂，我認為行為制裁絕對比長篇大論有效。

有些家長會用言語威嚇，希望孩子停止吵鬧行為，比方說：「你再吵，我就修理你！」但其實在公共場所，家長們根本不好意思當眾修理，結果沒有任何實際的制裁行動，很快就會被孩子「看破手腳」，進而把父母的話當耳邊風。

父母，停止碎碎唸或道德勸說

以問題中的例子來說，千萬不要因孩子吵鬧而急躁、焦慮，不妨堅定、簡潔的對孩子說：「你可以在這裡點你想吃的東西，但是如果你再吵的話，連這裡也不可以吃了，我們馬上回家。」

假使孩子真的繼續再吵，也不需要在大庭廣眾下罵孩子。二話不說，就全家立刻打道回府。

對一個五歲的孩子，兩頭落空，絕對比碎碎唸或道德勸說來得有震撼效果。不過是犧牲一頓家庭聚餐，若能換得「永續安寧」，應該很值得吧！

家．長．可．以．這．樣．做：

1 若希望孩子情緒穩定，並養成好習慣，生活環境中的所有大人，在教養上最好同一陣線。

2 對小小孩的規範，只要合情合理，一旦出口，就要執行到底。

3 別在公共場所，對孩子說：「你再吵，我就修理你！」因為在公共場所，父母根本不好意思當眾修理，是無效的教養方法。

4 清楚告訴孩子：「如果你再吵，連這裡也不可以吃了，我們馬上回家。」並且說到做到。

孩子愛挑食？

Q

我家四歲妹妹的幼稚園老師，常在班上對有點挑食的妹妹說：「XXX，妳不能只選愛吃的食物！妳正在發育中，要吃所有的食物，才會長高。」

對於被指責一向很敏感的妹妹，從此開始不再喜歡這位老師。

我在家中嘗試變化各種烹調方式來吸引妹妹，有時效果不錯，但妹妹在外面還是挑食，我該怎麼辦？

A

其實，多數的大人也挑食，只是因為成年後我們常可以決定和選擇自己要吃什麼，所以大人的挑食行為，就不會受到關切和注意。像我自己就很不喜歡胡蘿蔔的味道，即使到現在，我能不吃的話，還是盡量不吃。

「講道理式」的指責，達不到效果

無論如何，口味和喜好會改變。一般來說，挑食的狀況，會隨著年齡成長有所改善，成年人也比較能理性的為健康而吃。問題是年紀小的孩子，好惡很直接，他們無法感受或想像未來才會發生的好處或壞處，因此像幼稚園老師採用「講道理式」的指責，只能說大人有盡到指正的責任，卻很難得到期待的效果。

我覺得教養從「同理心」出發很重要，這樣我們才不會自以為「為了孩子好」，而急切的逼迫孩子做他們不喜歡的事，造成親子間的不愉快與壓力。

找出不同食物來取代

就拿食物來說，我們常以「營養必須均衡」為理由，要孩子什麼都吃，但其實食物的種類非常多，每天，我們本來就要從很多種的食物中，挑出某幾樣來吃，因此除非是不可替代的必需品，在同樣能達到目的的情況下，我們可以讓孩子有選擇。

比方孩子不愛吃胡蘿蔔的話，木瓜、橙類和南瓜，也都含有豐富的胡蘿蔔素，可以取代。

讓孩子感受到「優惠待遇」

我以前的做法是，平時我會找機會對孩子解說基本的食品分類和營養觀念。孩子比較小的時候，在家裡我是買有分隔的可愛盤子，把他們該吃的菜分量拿捏好，裝在他們自己的盤子上（像吃自助餐那樣），然後要他們把盤子裡的菜吃完。

如果是他們比較不愛吃的食物，我會給他們較少的分量，讓他們感受到我已經因尊重他們的好惡，而給了他們與其他家人不同的「優惠待遇」，但只要是我放在盤子裡的，他們都必須吃完。

如果媽媽有空也樂意做，能在菜色調配上做變化，增進孩子的食慾，當然很好。不過，我一向不採用「把痛苦舒適化」或「包裝美化」的方式，盡量不以取悅孩子來達到目的，因為在我們費盡心思改變，或掩蓋了那樣食物的味道之後，孩子或許願意吃，但到學校或在外面可能還是不會吃。

與孩子分享自己小時候挑食的心情

針對他們不喜歡吃的食物，我會用比較誇張搞笑的方式，講我自己小時候挑食的故事和心情給孩子聽，最後再告訴他們我自己做媽媽以後，才懂得大人希望他們不要挑食的原因。

通常在這個過程中，除了健康因素，我灌輸他們的是一種體諒他人的心情：對用心為他們做菜的人，以及辛苦生產食物的人，我要他們學會感謝。

在家裡，我容許他們誠實表達對食物的好惡，但一旦出門在外與別人一起用餐，就還有尊重、惜食和禮貌的問題，所以我要孩子了解，有些時候我們必須逼自己吃一點不愛吃的東西，就像有些時候，基於責任、禮貌或其他原因，我們得做一些我們並不喜歡做的事。

親子一起玩消滅「討厭鬼」的遊戲

我跟他們分享我小時候「解決」這個問題的方法：我把食物分成討厭、不討厭和喜歡三種，我會先把不喜歡的快快吃掉，然後馬上吃一口喜歡的東西，把味道蓋過去。最後幾口，我一定會「保留」給我最喜歡的東西。

我故意把我的樣子表演得很滑稽，所以這一招孩子學得滿開心，在家吃飯時，我還會陪他們一起先消滅「討厭鬼」。

比起配合他們的好惡，幫忙處理問題，以同理心陪著孩子面對問題，並引導孩子找出他們自己可以解決的方式，**應該是比較長遠、一勞永逸的做法。**

家．長．可．以．這．樣．做：

1平時就找機會對孩子解說基本的食品分類和營養觀念。

2如果孩子不愛吃胡蘿蔔，木瓜、橙類和南瓜，也都含有豐富的胡蘿蔔素，可以取代。

3買有分隔的可愛盤子，把孩子該吃的菜分量拿捏好，裝在他們自己的盤子上（像吃自助餐那樣），然後要他們把盤子裡的菜吃完。

4和孩子一起玩「消滅討厭鬼」遊戲：把食物分成討厭、不討厭和喜歡三種，先把不喜歡的快快吃掉，然後馬上吃一口喜歡的東西，把味道蓋過去。最後幾口，「保留」給自己最喜歡的東西。

孩子屢犯，怎麼辦？

Q

想請問旅珠姊，當五歲的孩子屢犯時，在不體罰孩子的狀況下，我們該選擇什麼樣子的教育，才會有效呢？

因為體罰好像會造成不少後遺症，但一直叨叨唸唸，要孩子不要做這、不要做那，我們自己也覺得好累……

A

不斷努力規範、要求兒女，孩子卻屢屢再犯，我想這是很多家長常常碰到的頭痛問題吧！

我在演講中特別提到，若發現孩子對我們的要求一次、兩次、三次的當成耳邊風時，做父母的就要提高警覺了，因為孩子在試探我們的底線。

如果我們不在這個時候，找出有效的應對方法，孩子馬上會感受到父母沒有約束力，他們可以不予理會，我們的要求很快就會變成「無效的嘮叨」（請看《梁旅珠教養書——教出錄取哈佛、史丹佛七大名校女兒的教養祕笈》一書裡〈不容妥協的教養堅持〉）。

父母制定規矩，必須說一不二

生活中人際間一再產生的「拉鋸戰」，考驗我們的應對智慧與處理能力，慢慢累積，決定了相互的「權力、態度關係」，不論是親子、夫妻、朋友或職場同事間，都是一樣的。

所以，對於孩子還很小的家長們，我一再強調從小培養親子間良性互動的重要性。當孩子小的時候，我們比較有機會長時間跟他們相處，孩子也還沒有既定的行為模式與習慣，對於一些規矩和要求比較容易徹底執行，因此一定要利用這個時候嚴格要求，執行到位，盡量做到說一不二，孩子自然會了解父母的要求都不是隨便說說的，不能輕忽。

當然，大人一定要對所有的規矩想清楚，再要求，不要提出自己站不住腳，或讓自己騎虎難下的規範。

當孩子屢犯，父母繼續責罵，是無效的

年紀越大的孩子就越難強制、約束他們的行為，如果開始覺得孩子有屢犯的傾向時，父母一定要馬上節制自己繼續唸或罵，趕快針對問題，用孩子的角度和立場去想想看，他為什麼會一犯再犯。

比方，我曾經聽一位朋友說，她發現十幾歲的女兒，每天在浴室用來擦臉的髒面紙團，總是丟在洗臉台上，而不丟進垃圾桶裡，讓她每次進浴室就一肚子火。她唸了好多次，要求改進，女兒還是不把她的話當一回事。

後來她仔細想想，發現這件事都發生在早上，因為孩子趕上學梳洗時，為了丟紙團，必須要「多走三步」繞過馬桶，用腳去踩開有蓋式垃圾桶，再把垃圾丟進去，孩子嫌麻煩就偷懶。因此，針對解決方案，她考慮過是否要改用無蓋式垃圾桶比較方便丟？還是要移動垃圾桶的位置？

她這樣的反應和反省是正確的，因為這個時候如果不趕緊找出行動上的解決方

法，又繼續罵，我們就放著自己往「嘮叨媽媽」之路邁進了。看似不重要的生活小事，卻會影響親子間日後的溝通方式和相處氣氛。

找出孩子屢犯的癥結點，讓孩子面對問題

孩子會一再重複的行為，我們若能找出癥結點，幫孩子點出來，也提出對策，以行動協助他改進，或讓孩子自己建議可以接受的解決方案，不要停留在事情的表面層次碎碎唸，孩子就必須面對問題，比較難逃避責任。

我的朋友最後決定不改變垃圾桶的狀況。她讓孩子知道媽媽理解原因，但她堅持女兒必須體諒媽媽的辛苦與困擾，也強調大家一起使用的公共空間，必須考慮到別人——製造了髒亂，讓別人不舒服或給別人困擾都不應該，然後控制自己不要開口就罵，以免造成孩子心態上的反彈，開始採用比較輕鬆、幽默的態度與方式提醒女兒，孩子自己覺得不好意思，狀況很快就有了改善。

會被孩子「看笑話」的教養方式

有朋友對孩子總是亂丟髒襪子而衝口罵出：「下回再這樣，我就叫你把髒襪子

吃下去！」

對這一類的氣話一定要節制，出口萬萬要謹慎，因為小小孩對父母無法執行這樣的要求，或許沒什麼「感覺」，大小孩就會「看笑話」了。

跟十歲以上的孩子過招，切記不要讓孩子看著自己食言，做不到，無論如何，都要幫自己留「有尊嚴的台階」下。

指正、鼓勵及幽默要並用

當孩子因應父母的要求有改進或改善時，一定要加以讚美、鼓勵，讓孩子確實感受到「爸爸媽媽因為我的行為，覺得非常高興、感動」。指正和鼓勵要適度穿插運用。

對大一點的孩子，用幽默的方法，效果很好。以丟垃圾的例子來說，如果是我，我可能會用小紙片畫豬打叉叉，寫一些比較誇張、好笑的抱怨之詞，貼在孩子的洗臉鏡上。

比方，我可能會寫：「新聞快報：XXX的母親A女士發現女兒持續將髒紙團丟在她辛苦打掃、一塵不染、史上最乾淨的洗臉台上，此等忘恩負義的行為，讓她震驚不已、無法面對、痛不欲生。針對XXX令人髮指的不孝行為，社會局將介入調查。」

每有「犯行」就貼一張，換點內容，「堅持」貼到孩子改善為止。通常大孩子對媽媽這種可笑的做法會「看不下去」，很快就會改進。

青春期的孩子情緒比較不穩定，不要當面給臉色或用罵的，這樣可以減少孩子頂嘴的機會，避免掉對立，甚至讓孩子爬到頭上的難堪。

家．長．可．以．這．樣．做：

1大人對孩子定規矩，除了嚴格執行外，也得想清楚，再要求，不要提出自己站不住腳，或讓自己騎虎難下的規範。

2年紀越大的孩子，越難約束他們的行為，如果孩子屢犯，父母一定要馬上節制繼續唸或罵。趕快針對問題，用孩子的角度和立場去想，他為什麼一犯再犯。

3若能找出孩子屢犯的癥結點，幫孩子點出來，也提出對策，以行動協助他改進，或讓孩子自己建議可以接受的解決方式。

4用輕鬆、幽默的態度與方式提醒孩子，當孩子覺得不好意思，狀況也會很快改善，尤其是對大一點的孩子。

5當孩子行為改進，父母一定要讚美、鼓勵，讓孩子感受到「爸媽因為我的行為，覺得非常高興、感動」。

先生對孩子的教養，很沒耐心？

Q

我六歲大女兒的幼稚園老師說，孩子對老師教的東西都沒興趣，於是我希望先生下班後，可以幫大女兒加強學習。但大女兒對爸爸教的都不專心，還發脾氣，漸漸的，爸爸也沒有了耐心，最後演變成我自己要教大女兒，同時還要帶小女兒，我實在分身之術。我該如何讓爸爸分擔教養大女兒的責任呢？

A

您的問題，讓我想起我家曾經發生的情形。

我的孩子從幼稚園到小學階段，所有的生活作息安排和課業輔導都由我一手包辦，但上了國中以後，有些功課比較難，例如數學，因為我念文組，幾乎把數學忘得一乾二淨，所以每次數學有問題，孩子就只好去問爸爸。

我記得孩子在小學中、低年級前，我先生提醒過我幾次，說我管教孩子的時候未免太沒耐心，嗓門太大，聽起來會讓人覺得煩躁。但是國中階段，輪到他自己教小孩時，往往沒過幾分鐘，就傳來他的責罵聲，例如「怎麼動來動去、扭來扭去，不能專心好好聽嗎！」常常沒多久，他就因為生氣而教不下去了。

男人比較沒有耐心，因為他們不像女人，平常已經花很多時間在與孩子磨合。

讓先生擔任教養幫手

您不妨在心態上將先生設定為幫手，讓他在家裡做些比較簡易，但可能要花時間的工作。

您可以跟先生商量，如果他覺得他沒有辦法教大女兒，那麼，由您來教小孩子做功課，但是請先生幫忙做一些他可以做的事情，例如，換他帶小女兒。

由您的狀況看來，您的小女兒可能還是襁褓中的小baby，需要大人陪她玩、幫她換尿布、餵她喝奶（如果不是喝母奶的話）、哄她睡覺等，這些工作對您先生來說，可能反而容易上手。

製作孩子的作息表，請先生按表操課

即使小女兒已經兩三歲了，由於孩子的成長都有固定的進度，您可以依您帶過大女兒的經驗，依成長進度做成適宜的作息表，讓先生明白每天大致上的安排，然後就交給他做，減輕您的負擔，或者可以請先生分擔家事。

至於加強大女兒學習的部分，有些家長會把小孩的時間填滿各種學習活動，但是關於學習，請別讓小孩子從回家之後直到睡覺前，都馬不停蹄地寫功課或學習。

安排以半小時為單位的學習

可以考慮安排成分段式的學習時間，但**以半小時為單位並安插休息時間，讓孩子從一緊一鬆間，學習從專心到放鬆的轉換**，因為小孩的注意力、集中力比較不足，要強迫他們長時間學習，效果反而不佳。

除了學習，也要安排小朋友一些玩的時間。其實小小孩從玩中也可以學到很多，您可以把玩耍的時間交給先生，因為這比教小孩功課輕鬆、簡單。先生可以陪小孩運動、玩互動遊戲、下棋、玩積木等等。

對大女兒功課內容的掌握，建議由您自己來負責。如果把這項工作硬塞給沒有耐性的先生，將來進了小學，可能麻煩更多，因為到時候小孩有更複雜的功課與作息。

若以後無可避免，還是要由您來承擔的話，不如從現在開始就自己帶大女兒，藉此了解熟悉小孩的學習進程，將來第二個孩子的狀況就很容易掌握、規畫。

家・長・可・以・這・樣・做：

1 雖然爸媽都有教養責任，但男人在教養上通常較沒耐心，因為他們不像女人，平常已經花很多時間與孩子磨合。

2 不妨將先生的角色設定為幫手，而非教孩子功課，例如，讓先生陪小孩玩、幫小孩換尿布、餵她喝奶、哄她睡覺等較簡易的事。

3 製作孩子的作息表，讓先生明白每天的安排，然後再交給他做，或者可以請先生分擔家事。

4 孩子的學習，可以安排以半小時為單位，另外也要為小朋友安排一些玩的時間。

管教時，親友團愛干涉？

Q

我女兒四歲，越來越有自己的想法了。每當我對她說吃了糖，會吃不下飯，或告訴她吃糖果會蛀牙時，只要她頂嘴，她阿姨就會說：「想吃就讓她吃啊！」有時候，女兒不願穿外套，我說天冷要穿上，不然會感冒。一旁的小姑會說：「她不想穿就不要穿，她有選擇的權利。」通常碰到這種情況，女兒會躲到她們身後尋求保護，無視我說的命令。

我實在很頭疼，為什麼我要管教孩子的時候，就會跑出一大堆親友團？

A
理想中的家庭教養狀況，整個家族態度應該是統一的，親戚們要盡量避免跟孩子的父母「不一致」，不然會造成教養上的困擾。例如，當媽媽責罵小孩的時候，阿姨說：「這不過是小事，一點也不重要，何必一定要小孩這樣做？」媽媽的立場立刻受到質疑。

對小孩來說，他會發現「喔，只要阿姨在，就可以不聽媽媽的話。」在教養上，這種「不一致」應該盡力避免。

家人之間，教養方式必須一致

其實，父母親在管教小孩的時候，除非有絕對的是非（例如家暴），以姑姑、阿姨的角色來說，實在不該干預。阿姨與姑姑都是父母的平輩，所以做父母的絕對有權利去與她們溝通，但是在意見發生衝突的當下，大人應該要不動聲色，盡量避免在孩子面前爭執。

當小孩子看到姑姑或阿姨來了，吵著要吃糖，這時候媽媽說不行，但姑姑、阿姨幫著小孩說：「沒關係，給他吃吧！」在教養上就產生了衝突的場面。小孩子會觀察長輩們的互動方式，如果她發現媽媽居於弱勢，最後會照著姑姑或阿姨說的去做，這樣她下次有所求的時候，就會去找姑姑、阿姨。

就像很多孩子知道爺爺奶奶的地位高於父母，當他們想要跟父母權威對抗時，就會去找寵愛他的阿公阿嬤撐腰，是一樣的道理。

讓親友了解，自己是教養主權的所有人

我們在面對親友團的時候，若是平輩，可以當場技巧性的讓他們知道，我是教養權的主權所有人。

但如果發現苗頭不對，就要用一些方法，巧妙的避開衝突。例如當下您覺得姑姑很強勢，一時也沒有辦法阻止她，您可以對孩子說：「今天是因為姑姑幫你說情，可是下次就不能這樣囉。」若是這樣處理，孩子會明白這次不用遵從指令是特例，您的地位就不是被姑姑壓下去。同時對姑姑來說，也不是不賣她面子。

有些人可能會覺得，癥結點在於自己沒辦法當下就想出好方法來應付。我認為通常在第一次遇到狀況的時候，或許很難立即想出好辦法，但小孩子也沒那麼厲害，一次交手就看得出父母和姑姑、阿姨間的相處關係，因為小孩子的養成需要長遠的時間，不會一次就定江山。

父母跟親友的互動也是長期的，就算當下處理得不是那麼成功，也盡量別讓孩子每次都發現或驗證，父母在別人面前是意見弱勢。如果察覺有這種問題，平時就要思索對策，為下一次做準備。

與親友溝通，讓對方理解自己的教養態度

從實際面來看，所有親人的關係也是一種權力關係。您要好好思考，如何把彼此的關係協調好，並將孩子的教養權抓在自己的手中。

不過話說回來，我覺得人際關係對生活品質很重要，尤其是親友團的問題，我比較不建議彼此之間因為小孩而導致衝突。若是跟一般朋友吵架，可以以後不相往來，但親人關係不是這麼一回事，所以還是小心、謹慎的經營比較好。特別是親戚，也許因為血緣關係，很多事情反而能夠基於義務、責任感，而互相伸出援手；當我們真正有困難的時候，還是很需要親友的支持。

如果對於教養孩子的觀念與親友團產生差異，您不妨私下找機會，與對方聊聊相關的問題。

任何人都不喜歡別人指正自己的想法或干涉自己的做法，但請記得，很多時候真正關心我們的人，才會願意講真話，或講出我們不愛聽的話。所以請務必先將

對方的舉動解釋為善意，這樣我們才不會因為主觀意識太強，而錯失接受一些其實對我們很有幫助的建言。

讓對方理解您的教養態度，也耐心傾聽對方袒護孩子的緣由，彼此溝通理念。如果下次同樣的情況再發生，您們才會有默契，知道該如何互相配合。

家・長・可・以・這・樣・做：

1家人之間，教養方式必須一致。若彼此意見衝突，大人也要避免在孩子面前爭執。

2若親友很強勢，一時無法阻止，您可以對孩子說：「今天是因為姑姑幫你說情，可是下次就不能這樣囉！」這樣孩子就會明白這次不用遵從是特例，您還是擁有教養權。同時對姑姑來說，也不是不賣她面子。

3如果對於教養孩子的觀念與親友團產生差異，父母不妨私下找機會，與對方溝通。

預算有限，如何栽培孩子才藝？

Q

我家老大今年五歲，親友同齡的孩子都已經開始上幼兒園，或學各種才藝，我很擔心孩子若不開始學就太遲了，但打聽起來實在是一筆負擔沉重的支出。

我是全職家庭主婦，先生只是上班族，薪水很有限。不知道在預算不多的情況下，該如何發展孩子的興趣和才藝？

A

很多家長都有跟您一樣的煩惱呢！其實，除了少數環境非常富裕的家庭，對多數上班族夫妻來說，孩子的教養費用在家庭開銷上比重相當高，都需要精打細算。

多數的才藝課都沒有必要性，只是做家長的無不希望能幫自己的孩子多培養些技能，盡量充實競爭條件。非先天性的技藝也可以靠自學，但若希望效率好，快點達到比較高的水準，就得請專門的師資指導，當然就需要付出學費。

音樂、運動的才藝，需要專業的學習

通常需要投資最多的應該就是學樂器，因為樂器能力的入門門檻較高，進階所需時間較長，比較需要經由指導，才能抓到竅門。加上買樂器就要一筆經費，還要長期的學費，加總累積下來相當驚人。

運動方面，也比較需要專家指導，並非靠苦練就能進步；相形之下，只要願意付出時間與練習，語言就屬於可以靠自修學習的能力。只要投資一台電腦和網路，善加利用，現在的網路上有非常多免費的學習來源與機會。

利用學校提供的才藝學習

經濟條件不同是現實，但不代表必然的結果。其實學校教育一樣提供了這些方面的學習機會，有些家中經濟條件不允許的孩子，從學校的學習加倍努力，善用學校的師資，同樣可以有很好的表現。

有的學校甚至有發展一些才藝、特色，在學校有社團或才藝班，讓多數孩子可以免費或用比市價低的學費學習。

才藝不是學越多越好，父母須慎選

金錢的付出之外，請不要忘了「時間」更是一項需要斤斤計較的投資。不論貧富，每個人的時間都是一樣，一天二十四小時，所以當一個孩子花很多時間練琴或學跳舞，他在其他方面的學習，可支配的時間必然減少，所以父母要花心思的就是規畫與慎選，而不是一窩蜂的跟。

學才藝並不是學越多越好，還要配合孩子的能力和時間運用的考量。仔細觀察孩子的先天條件與興趣，精挑細選後，認真學習，才能達到效果。

篩選出覺得孩子最需要學的幾個項目後，再把金錢、資源投注在您覺得最重要，或無法自學的項目上。過程中，也不妨讓孩子明白，在資源有限的情況下，認真付出、表現出學習熱情的孩子，才有資格享受這類正規課程外的「福利」。

將興趣延伸為專長，無需花大錢

如果我們不要侷限在技藝學習的「才藝」概念，而以將興趣延伸為「專長」的角度來思考，其實不用花大錢，孩子也可以發展出自己的特色、專長。舉例來說，有孩子因喜歡養昆蟲而認真蒐集資料、勤加研究，小小年紀儼然已成昆蟲專家；我一個朋友的孩子因為迷韓星，自己上網自學，沒多久就會講基礎韓文。除了像樂器和運動，必須從小開始才有機會走得高深，多數的「才藝」只要想學，從任何年齡開始都可以；只要願意投注時間、精力，就有機會具備凌駕他人的能力與知識。因此，我認為比較根本的問題在於如何培養「學習的動力與熱情」。

上一段中舉的例子，是如何從日常生活的興趣中訓練出觀察、收集、歸納、研究分析，甚至執行的能力。其實國外一流大學要的「人才」，並不是看一個高中畢業的孩子是否多才多藝，不是看他多有成就，得多少獎，而是希望找到有自我學習、自我規畫與自我成長能力的學生。

一些家境富裕或無限制支援孩子的家長，反而要謹慎。在過度安排的學習過程中，一不小心就可能會抹煞掉孩子的學習熱情。

家‧長‧可‧以‧這‧樣‧做：

1 在各種才藝中，需要投資最多的是學樂器，因為門檻較高，比較需要經由指導，才能抓到竅門。運動方面，也比較需要專家指導，並非靠苦練就能進步。

2 只要願意付出時間與練習，語言屬於可以靠自修學習的能力。不妨投資一台電腦和網路，現在的網路上有非常多免費的學習機會。

3 如果以將興趣延伸為「專長」的角度來思考，不用花大錢，孩子也可以發展出自己的特色、專長。

4 更根本的問題在培養「學習的動力與熱情」。國外一流大學要的「人才」，不是看孩子是否多才多藝、得多少獎，而是希望找到有自我學習、規畫與成長能力的學生。

三四歲的孩子，如何學英文？

Q

看了您的教養書，有很多收穫，也開始重新調整自己教養孩子的方式了，但我一直很擔心孩子的英文沒有從小打好基礎，會讓孩子以後學英文很吃力，所以想請教您，三四歲的孩子，您推薦什麼樣的教材，用什麼樣的方式來學習英文比較適合，謝謝。

A

我認為，要學好英文最需要的是：時間、時間，還有時間。在我們要學習的各類知識中，語文是一種文化的「約定俗成」，它並沒有嚴謹的原理或邏輯，完全是該地區的人，經由長時間下來所共同創造出來的溝通方式，所以學一種語言，需要的就是不斷的記憶背誦和練習。

越小學，發音與音調越接近母語

想學好一種語言沒有捷徑，在提供適當的環境和素材之後，付出的時間和精力越多，學習成果就越好。

語言從任何年齡開始學都可以，主要的差別在於，越小開始學，對這個語言的使用能力就越有機會接近母語，尤其在講的發音與音調方面。

父母先了解補習班或學校的師資、教材和環境

我的孩子英文學習是從全美語的幼稚園開始，因為這樣的幼稚園可以提供英語聽和講的「環境」，這一點，要在自己家裡做到很難。我滿贊成在這種一開始的階段就讓孩子到有外師的學校，這樣他們可以很輕鬆的模仿到自然的發音和語調。

不過並不是外國人就發音好，或就是好老師，比方美國人、歐洲人、印度人、

澳洲人、新加坡人、菲律賓人都用英文，可是各地發音差別很大。

老師本身的素質好壞，影響也很大，所以父母能做的，就是先去了解補習班或學校的師資、教材和環境。可以和班主任及老師談談，看喜不喜歡他們使用的教材，並了解一下師資的學經歷。

現在坊間學習的系統非常多，我並沒有一一深入了解，所以只能就學習歷程的大方向提供建議。由於英文學習是費時的長期抗戰，除非家住偏遠選擇少，大都市內的孩子，我比較建議在離家或學校不要太遠的地方去上課，以免長期下來浪費太多時間在往返上。

一些知名度高的大型連鎖補習班會開發自己的教材，品質應該不至於太差。小型補習班受限於開發能力，則最好是使用一些現成的國外大語言學習出版社出的教材，在系統性、正確性和完整性上比較可靠。

學齡前，找輕鬆、自然的環境，讓孩子習慣並喜歡使用這個語言

總之，貨比三家不會吃虧。找一個自己喜歡的補習班或學校，然後就跟著他們的進度走，家長只要負責督促和加強就好。

我主修英文，大學時代就已經在補習班教書和當家教，所以比較有辦法自己去

評估。如果有些家長對自己的評估能力沒信心，不妨找英文能力好的親朋好友幫忙評鑑，或跟著這樣的人去做選擇。

學齡前找一個輕鬆、自然的環境，讓孩子習慣並喜歡使用這個語言。上學以後，除非有特殊需求，多數孩子受限於時間，都必須隨年齡逐步減少花在校外英文補習班的時間。

尤其中年級以後，對於背誦與功課量的要求必須提高，也需要比較嚴謹的督促，才有辦法在花最少時間的狀況下保持進步，因此最好能改上中師的課。外國老師的文化背景與我們不同，一般來說，進度要求都比較鬆散，也比較難理解並符合亞洲家長的期待與要求。通常在這個時間點，家長可以考慮轉換到比較注重文法，功課量較多，要求比較嚴格的學習系統。

父母盡量提供環境，鼓勵孩子多接觸

跟著一個選定的系統走之後，父母能做的就是盡量提供環境和鼓勵孩子多接觸。

大量的聽，對聽力和講都有幫助。比方，我以前會在上下學的車程中放英文故事帶給孩子聽，或讓他們聽學校要求我們訂的英文雜誌內容。我也找很多英文故事書給他們看。

這些都要從小開始，因為孩子中年級以後就會有主見，比較無法強制要求他們聽，或讀我們給他們的東西。

家・長・可・以・這・樣・做：

1 學好英文最需要的是「時間」，以及不斷的記憶背誦和練習。

2 我滿贊成一開始讓孩子到有外師的學校，可以很輕鬆模仿到自然的發音和語調，但要留意，並不是外國人就發音好。

3 父母先了解補習班或學校的師資、教材和環境。和班主任及老師談談，看喜不喜歡他們的教材，並探詢師資的學經歷。

4 盡量提供語言環境，並鼓勵孩子多接觸。大量的聽，對聽力和講都有幫助。比方，聽英文故事帶或英文雜誌的廣播，或找英文故事書給孩子們看。

如何啟發孩子興趣？

Q

林書豪能有如此傑出的表現，必須要感謝他的父母；老虎伍茲四歲就開始打高爾夫球，而我的大兒子已經四歲，我很擔心自己錯過或耽誤了培養孩子的最佳時機，但我觀察許久，卻看不出我的孩子有什麼特別的能力或興趣，我自己也沒有什麼專長，因此毫無頭緒。

我想請教您如何啟發孩子的興趣，並引導他有傑出的表現？

A

啟發的方法，不外乎讓孩子廣泛接觸，做父母的多觀察，再從中找出方向並加以鼓勵。

當然，興趣也可能引導，甚至培養，因為一般人很容易在「因花了比較多時間而擅長」的事情上得到成就感，而這樣的回饋可以激勵我們更努力、更喜歡做這件事。

培養興趣和發展專才，是截然不同的兩件事

不過，培養興趣和發展專才是兩碼子事。在某個年齡層以前，父母的確可以「為孩子做選擇」；如果您期待有一天孩子成為郎朗或林書豪，那您必須從小讓他們花大量的時間在某項樂器或運動上。問題是，同時您也已經幫孩子決定了很多事，包括人生方向和可能的職業。

如果孩子從小表現出某些驚人的天分或興趣，那是上天給父母的功課（像吳季剛媽媽），家長得好好考量自己該如何配合和付出。但要將沒有特別天分的孩子培養得表現優異，就必須像虎媽那樣做，例如一天逼小孩練六小時鋼琴。

父母該做的心理準備

您有心理準備接下來很多年，可能成為孩子的琴僮或球僮，付出大量的時間和

精力嗎？倘若您願意做那樣的付出，最好選擇一個您本身也有起碼興趣的方向，而且要抱持平常心。

做父母的可以對孩子的未來有憧憬期待，但要有心理準備，並不是每個孩子都有足夠的條件和潛能。我們看到的都是頂尖的成功案例，卻忘了還有更多父母或許也這麼做，但孩子卻失敗或表現並不突出。

再聰明的孩子，一天也僅有24小時

我們所看到在各領域的明星，除了父母的栽培、付出的苦練和努力以外，還需要天分與機運。再聰明的孩子，時間也是有限的，課業和才藝的比重安排會對成績表現有相當大的影響，父母必須考量清楚。

想清楚各項選擇對親子的意義和目的

我個人的選擇是把孩子的基本學習能力和觀念培養好，才藝方面則採取比較輕鬆、鼓勵的態度。至於他們的人生方向，我想讓他們到大學時再自己決定。我不希望孩子長大以後對我說：「媽，都是妳害我沒有童年。」

天才的、不一樣的人生不一定值得羨慕，自己能夠掌握的人生才會充實快樂。

做父母的用心栽培孩子是好事，不過同時一定要想清楚做這些選擇或決定，對自己和對孩子的意義與目的。

家．長．可．以．這．樣．做：

1 讓孩子廣泛接觸各類興趣，做父母的多觀察，再從中找出方向，並加以鼓勵。

2 即使有方向、有決心要全力栽培孩子，父母也需抱持平常心。

3 除了用心栽培，請父母想清楚每一個決定，究竟是為了孩子，還是自己。

如何讓孩子體貼、有耐心？

Q

我兒子三歲多，是獨生子，所以他要我陪他玩時，通常我都會盡可能地配合。不過有時候真的好累，想休息或做點自己的事，請他稍等我一會兒，他卻會一直說現在就要！最後若不陪他，他就生氣哭鬧，然後我也會生氣，覺得兒子都不讓媽媽休息一下。我該隨時放下手邊的事，滿足他的要求嗎？還是有什麼辦法可以引導他耐心等候？

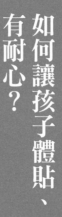

A

小孩吵鬧，讓大人情緒變得很差，我想幾乎所有當過父母的人，都碰過這種情況。對年輕時的我來說，也曾覺得很難處理；但是現在回頭看，我覺得方法其實很簡單。最近有個十分流行的詞，「淡定」，就是很好的解決方式。

教養的第一課——練習「不被激怒」

教養小孩的時候，我們要練習一種修養，就是不要輕易被激怒，因為一個人在被激怒的狀況下，常會思考不清楚，反應不正確，甚至口不擇言。

就我自己的經驗來說，我被小孩激怒的時候，我都會先轉過頭，不要看他，嘗試先冷靜下來，然後思索接下來，應該怎麼回應。等再度轉頭面對孩子的時候，控制好表情、語氣，雙方的緊張氣氛就會和緩下來。

尋找適合自己的「情緒錦囊」

所以，當您覺得小孩子無理取鬧時，一定要先把自己穩定下來，才能適當的處理。

平時就要試著找出各種適合自己的方法來抒解情緒，例如有的人會讀《聖經》，或念《心經》，或是記下曾讓自己在生氣、煩惱時可以轉換情緒的觀念或一句話，收藏在自己的「情緒錦囊」中。在適當的時候可以很快拿出來「複習」，幫自己把氣壓下來。

生活有「計畫」，孩子情緒才穩定

孩子「一直吵著現在就要」的情形若常出現，絕非憑空而來，必定是由過往親子互動的累積產生。針對這種狀況，請記得生活「計畫」是很重要的。

我常常提到讀書要排定計畫，事實上，我們的生活也要有計畫（排程），因為生活規律的人，情緒才會穩定，小孩也一樣。

我們不可能做完美父母，不需要從小孩出生，就無時無刻給他無微不至的關注。我所謂的把時間都給小孩，是指父母親不要只顧自己的事情、工作，甚至是休閒玩樂，然後把小孩丟著不管。做父母的也會有情緒，當然也有自己的工作作息。

孩子吵不停？因為孩子知道吵有用

比方說，媽媽要做家事、煮飯，但上班回來很疲憊，這些都可以讓孩子從小習慣，讓他知道媽媽回到家以後，還有很多事要忙，也需要一點時間轉換情緒、梳洗和休息，所以在這些時段，他們應該慢慢學習自己處理、安靜等待，到約定好的時間，媽媽就一定會排開雜務，專心陪伴。

如果大人沒有設立規矩讓孩子遵循，他當然會以自我為中心，幫自己排程。

如果您已經反覆為孩子指出時間安排的方向，並說明對父母提出要求時應有的態度，有些小孩還是會吵個不停，通常是因為他從過往的經驗已經發現，「吵」對於他達到目的是很有效的方法。

父母必須堅持與淡定

對一個三歲的小孩來說，若他持續看到您的堅持與淡定，他其實一點辦法也沒有，也不可能做出太激烈的反應，所以父母在這種時候應該要採取一些比較堅決的措施，讓小孩子知道，他必須尊重父母。

小孩子很聰明，他會不斷試探大人的底線，所以不要因為覺得孩子還小，就完全順應他，這樣只會讓他更予取予求，長大以後，更難溝通。

我覺得如果我年輕時候就看到「淡定紅茶」的故事，當時一定可以過得更好！

還好，我的個性相當理性，滿能自我控制和抒解情緒，加上我很會撐，他們若跟

我對峙，我一定奉陪到底，因此孩子從小就養成不亂哭鬧的習慣，有要求時都會好好表達。

家．長．可．以．這．樣．做：

1 教養小孩時，不要輕易被激怒。如何做到？可以先轉過頭，不要看小孩，嘗試冷靜下來，然後思索該怎麼回應。

2 父母平時就要找出適合自己的方法紓解情緒，不妨記下可以讓自己在生氣時，轉換情緒的觀念或一句話。

3 我們的生活要有計畫（排程），因為生活規律的人，情緒才會穩定，小孩也一樣。

4 媽媽上班回來很疲憊，可以讓孩子從小習慣，讓他知道媽媽回家後，需要轉換情緒、梳洗和休息，所以在這段時間他們應該學習安靜等待。到約定好的時間，媽媽一定會專心陪伴。

如何為孩子選擇學校？

Q

您好，我是一個注重教養的媽媽，我看了市面上不少的教養書籍，在看過您的書後，我真的是感觸非常深，且受益良多。

就像您說的，孩子還小時，就是家長在幫他們做不同大大小小的選擇。我女兒四歲，現在是我幫女兒做屬於她人生的第一個重大決定的時候了。

現在的教育大環境一直在改變，我到底該幫她選什麼樣的學制路線，我真的很希望聽聽您的意見。我希望在選學校的時候做通盤的考量，選定之後就不要有遺憾。

想請問您，如何為孩子選擇學校？能否請教您，當初選擇讓孩子就讀私立小學的原因或考量？私立學校與公立學校的差別在哪裡？如果以現在的時空環境，您會有不同的選擇嗎？

A

從來信所述您的家庭狀況，看得出您是一位非常用心的媽媽，您的女兒是非常幸運的。雖然您現在正為女兒選擇就讀哪一所學校而煩惱，但我想請您以另一種角度來想這件事情：人生能有「選擇」，真是一件幸福的事！這表示您的生活條件足以提供您這些選擇，所以不需要太擔憂。在您通盤考量之後所做的決定，就是最好的路，接下來只要全力以赴就好了。

所有的事情都有多重面向，有優點，一定有缺點。對別人來說是優點，對我們也可能會是缺點，所以應該考量客觀條件，再搭配上我們自身的需求。

當然，即使有了完美的盤算、做了眼前最好的抉擇，但我覺得家長們還是要記得，有時真正影響結果的，並不是選擇哪個起始點，或路徑、方向的問題，而是當事人過程中的做法。

家庭教育能培養孩子的自制力和判斷力

您問我為什麼為孩子選擇私立小學，其實我當初的想法很單純，完全只因為我自己是這個學校的校友。我對學校、師長和同學有美好的印象，成長過程對學校也認同。

但若以現在的時空環境，我想我可能會考慮公立學校，因為在時間上的彈性大很多。

回頭看，現在的我，對自己掌握孩子的能力比較有信心（問題是沒走過前，誰也不曉得），但以前的我，比較擔憂孩子稍大以後交友和同儕的問題，因而想像私校環境在這方面應該比較好掌控。不過一路走來，我深深感受到家庭教育絕對可以培養一個孩子的自制力和判斷力。

私立學校在生活教育上較嚴格

私立學校從小學開始在學校的時間就非常長，課業活動要求也比較多，如果想要發展其他方面的才藝會比較困難。不過同時我還是比較認同私立學校在生活教育上的嚴格。這些需要由父母判斷哪些重點，比較有關鍵性，來決定讓孩子到哪一種環境。

舉例來說，我女兒國中畢業後，希望離開原校，外考北一女，我信任她的自制能力，所以尊重她的選擇，但兒子個性比較不成熟、不夠穩定，即使他成績不錯，應該有機會考上建中，但我們考量他到國外念大學的目標已確定，就力勸他留在原來的私校高中。不過不同的私立學校，校風和學校重視的目標也不一樣，尤其在國高中以後差別更大。

一般來說，私立學校的環境單純，學校的管理也比較嚴格，孩子比較不會被社團外務，或交友、感情等種種問題分散注意力。

我評估高中階段同儕活動的外力影響是比較難掌握的因素，我就從「哪個學校可以提供孩子比較有利於下一個目標的環境」來做選擇。

關於課程內容和教材等等，不論公私立學校都會受到教育政策影響。比較大的差別，應該是各私立學校都有校風傳統上比較注重的事情，這方面私立學校比較會有自己的主張。例如制服、髮型、在校作息等生活規範，私校比較嚴謹，公立學校一般來說則較自由。

其實公立學校若在不同的區域，學生的家庭背景和家長需求也會有很大的差異，比方說台北台師大的文教區、萬華區和敦南仁愛的東區，就很不一樣。

私立學校學生家庭經濟條件比較好，學生家庭單親、離婚和隔代教養的比例或許比較低，家庭從事特殊行業的也比較少，不過我曾有經濟條件很好的朋友選擇讓孩子就讀公立學校，因為他們認為私校環境像溫室，他們希望孩子從小就接觸、認識比較接近實際的社會組成。

孩子讀私校，可能會產生虛榮心或比較心態？

有不少家長以為讀私立學校可以省掉補習費用，其實並不盡然。私立學校在校時間長，對職業婦女來說的確比較方便，但對有心自己安排孩子作息和學習的家長則是缺點。

當年我孩子幼稚園畢業時，有家長決定把孩子送進公立學校，就是因為省下來的學費拿來支付才藝費用就綽綽有餘，而且她對才藝課程的選擇有自己的想法。讀私校照樣要另外花時間學才藝，所以讀私校的孩子通常比較忙，時間比較緊。

一般人對孩子念私立學校比較擔憂的，是怕孩子因環境優渥而可能有的虛榮心或比較心態。這方面，我想父母能做的就是在價值觀和行為上以身作則，並從小引導孩子將注意力放在課業和喜歡的興趣上面。

評估孩子的時間

還有，有些家長會很辛苦的把孩子送到離家很遠的名校就讀，我個人就不會這麼做。我比較不喜歡上學交通時間太長，因為每天長時間的移動不論對家長或孩子都是很費神費力的。

我在書上一再強調時間的重要性，因為這一兩個鐘頭的差別意味著孩子可以有

比較充足的睡眠、多出寫作業或學才藝的時間，還可以少掉很多交通不便和趕時間的精神煩躁，孩子的用餐時間、形式也可以比較正常、健康。

這些都是我的個人意見，提供給您參考囉！

家·長·可·以·這·樣·做：

1 一般來說，私立學校的管理較嚴格，孩子比較不會被社團或交友等問題分散注意力。但私立學校在學校的時間非常長，課業活動要求比較多，如果想要發展其他方面的才藝會比較困難。

2 不妨從「哪個學校可以提供孩子比較有利於下一個目標的環境」來做選擇。

3 一般人對私立學校比較擔憂的，是怕孩子因環境優渥而可能有的虛榮心或比較心態，父母能做的就是在價值觀和行為上以身作則，並引導孩子將注意力放在課業和興趣上。

4 不建議把孩子送到離家很遠的名校就讀，因為孩子可以有比較充足的睡眠、多出寫作業或學才藝的時間，還可以少掉很多交通不便和趕時間的精神煩躁等。

該給孩子上幼稚園嗎？如何與長輩溝通？

Q

梁小姐，您好！讀完您的教養書，心裡很感動，也很受到鼓舞；因為我們住在美國，無法參加您的新書簽講會，實在很想向您請教幾個問題，希望您能抽空回覆，謝謝！

我是一位全職媽媽，有個快滿兩歲的小孩。在您的書裡，著墨較多的是小學一年級以後的事，想請問您，在小學一年級以前的階段（一歲半到五歲之間），除了您提過的先處罰，後說明道理的教育方式，以及養成正常規律的生活作息／習慣，是否還有其他建議。例如，該給孩子上幼稚園嗎？該給孩子上什麼才藝課呢？

在這個階段，您覺得有沒有什麼是重要，且影響到日後的事，必須在這個時期做到，好幫助孩子日後的學習及心理成熟。

您在書裡提到和公婆溝通教養理念的事，只是我並沒有如此幸運，有開明的公公婆婆。就您的經驗或看法，當和長輩有不同的教養理念時，該如何處理？

最後一個問題：請問您如何幫助孩子，建立他們的英文能力？希望可以從您的經驗，給我一點啟發，讓我的小孩有完整的中文能力。

A

能在出書這麼短的時間就得到來自遠方的迴響，感到十分開心！希望我提供的能作為協助您尋找做法與解決方案的諸多參考之一。您的問題，我將分段回答，如下。

Q：想請問您，在小學一年級以前的階段（一歲半到五歲之間），除了您有提過的先處罰，後說明道理的教育方式，以及養成正常規律的生活作息／習慣，不知是否還有其他建議。例如，該給孩子上幼稚園嗎？該給孩子上什麼才藝課呢？

A：我個人認為學齡前的教養，「生活教育」是一切的根本，也是唯一最重要的事。但對很多全職媽媽來說，因為有時間，也有心想做，可以有很多的活動選擇，這就要看每個人的需求和對孩子的期待，真的人人都不一樣。

父母請先問自己，想培養出什麼樣的孩子

現在有些很用心、很投入的媽媽，幾乎事事一手抓，連知識性的教導也不願假手他人。我想任何事、任何做法，只要是家長評估後，覺得重要，也樂意去做的，都是好事，但若時間、環境條件不允許，就不需要勉強。

父母若過著過度緊繃、焦慮的生活，孩子的心理成長絕對無法健康、快樂。

現在有些滿有自我主張的家長選擇在家教育，甚至延續到學齡後，這就是一種家長為孩子做的選擇。

我在書中一再強調這種選擇沒有對錯好壞，但家長必須了解這些選擇的確會有長遠的影響，也一定要先評估確認，做這樣的選擇後可能衍生發展的結果，的確是自己期待或想要的。

環境和教育體系的選擇對孩子的影響的確很大，但我傾向於從社會中存在的團體裡面，去尋找比較合乎我想像和期待的環境，學習去適應（即使有一些我們不喜歡或不認同的地方），而不自創心目中理想化的小環境。因為將來孩子長大，他終究要進入社會過團體生活，而且通常沒什麼選擇。所以當年孩子很小，我就讓他們去上幼兒園，從半天開始。

幼稚園，能提供孩子人際互動的機會

現在小家庭成員和孩子都少，我希望孩子到團體生活的環境，學習與人互動、相處與分享。越大的環境，自然提供越多的變化與環境刺激。幼稚園的環境可以提供家庭環境所沒有的一些團體活動、課程內容和教具教材。

一個人、一個小家庭的視野與接觸範圍絕對是有限的。進入團體，可以讓我們拓展生活圈、吸收新知和結交朋友。好的幼稚園能提供給家長這一類的協助。

我的選擇一向是不自己教，學習和進度交給老師或才藝教室。我自己做輔導和盯的工作。因為一個人的時間能力有限，從頭到尾，自己包辦，成效不一定會好。

有孩子的人都了解，從生孩子後到孩子長大成人，這段時間最常往來的朋友不再是學生時代的死黨，而是孩子同學、朋友的父母，因為在教養過程中，我們不得不跟同齡孩子的父母往來、分享資訊、相互合作或競爭，甚至在痛苦徬徨的時刻相互取暖，所以好的幼稚園，可以提供新手父母結交戰友的管道。

教養訊息繁多，父母不能人云亦云

負面影響，則可能是父母也會同時吸收到很多令人焦慮的教養訊息，所以一定要常常提醒自己，「時間」分配的重要性，也要了解每個人（親子都一樣）的能力都有極限，一定要好好考量自我狀況。訓練自己面對問題、收集資訊並研究消化的獨立思考能力，千萬不要人云亦云。

此外，家庭主婦也需要喘息的時間與空間，因此若能有好的幼稚園，分擔些看護、教育的責任，媽媽可以利用孩子上課的時間，去辦理生活雜事或得到片刻喘息，甚至去上上課，讓自己得到帶孩子之外的精神寄託與成就感來源，其實對大人的生活平衡和身心健康都很有幫助。

關於才藝課，重點也在於家長的期待。現在的孩子起步早，學習競爭激烈。如果希望孩子將來成為某個領域的佼佼者，比方音樂演奏家、運動好手等等，就必須從很小就開始，其他方面的才藝學習，則比較沒有急迫性。

不過並非讓孩子三歲開始就打高爾夫球或彈鋼琴，做家長的強逼苦練，孩子將來就會成為老虎伍茲或郎朗。

任何才藝培養都是好事，但家長應該要有心理準備，成功除了苦練，還需要天時、地利、人和等條件機運的配合，不該期望過高，造成自己和孩子過大的壓力。

家・長・可・以・這・樣・做：

1讓孩子上幼稚園？還是在家教育？父母請評估自己的條件與時間，以及想清楚之後的結果是否是自己想要的。

2好的幼稚園，是提供新手父母結交戰友的管道，但也容易成為教養焦慮來源，父母必須建立自己的教養觀點。

3送孩子學才藝，父母不該期待過高，以免給自己和孩子龐大的壓力。

※　※　※

Q：在這個階段，您覺得有沒有什麼是重要，且影響到日後的事，必須在這個時期做到，好幫助他日後的學習及心理成熟。

A：學習有階段性和適合的時機，揠苗助長反而可能會壞事。如果不為功利性的目的，純以學習適合度來看，我覺得音樂、體能和語言的適度接觸是可以盡早開始的。

小五的男生學爬行「復健」

在美國比較沒有活動和空間不足的問題，但如果住在台灣的都市裡，我就會鼓勵家長帶學齡前的孩子上幼兒體能課。

兒子的同學在中、高年級後，母親發現他有專注力的問題，就醫後，醫生認為是他小時候爬行不足造成的。我記得當時她還得帶著小五的男生去做爬行「復健」。

這位母親是職業婦女，孩子小時候都託給保母帶，所以很多時候孩子都被關在娃娃床裡。

比知識填鴨更重要的事

幼兒塗鴉、勞作和捏黏土對小肌肉的發展、訓練也很有幫助。我認為，這個階段對孩子來說，各種大小肌肉的成長發展，良好教養帶給孩子的安全感與穩定情緒，以及好的生活習慣與紀律養成，遠比知識填鴨重要。

現在的時代比的不是一個人腦袋裡的知識多少，而是對於廣大資訊、知識「整合處理運用」的能力。對父母來說，再多的努力與付出，孩子未來的學習成就終究還是要看天資、機運和緣分，但生活教育卻是穩賺不賠的投資。

家·長·可·以·這·樣·做：

1如果不為功利性的目的，純以學習適合度來看，音樂、體能和語言的適度接觸可以盡早開始。

2如果住在都市，父母不妨帶學齡前的孩子多活動，或上幼兒體能課。

3幼兒塗鴉、勞作和捏黏土，對學齡前孩子的肌肉發展、訓練也很有幫助。

4把重點放在生活教育，這對父母來說是穩賺不賠的投資。

※　※　※

Q：您在書裡有提到和公婆教養理念溝通的事，只是我並沒有如此幸運，有如此開明的公公婆婆。就您的經驗或看法，當和長輩有理念不同時，該如何處理？

A：人與人的相處是互相的，我常常跟朋友分享一個心得，那就是用心與誠意可以克服很多的困難。當然，耐心與時間也是必要的。

我發現有不少人談生活上的問題時，其實都沒有認真面對問題，想過對策。當對立膠著時，也不願意屈就，從改變自己做起，而是停留在抱怨的層次打轉。

先用對方的立場想事情，是解決的第一步

很多人認為我好幸運，其實「家家有本難念的經」。我的幸運在於我和長輩的

基本理念沒有太大的歧異，但生活上還是會有很多不同的意見、看法。常常我們很羨慕一個人的現況或成就時，我們其實沒有看到，也沒有想過，那個人一路走來，付出了多少的努力。

若能夠練習放下面子、身段，用對方的立場想事情，能夠常常感謝，並歸功於對方，跟長輩的相處就跨出了第一步。有些長輩的觀念和態度的確很固執，但我的看法是，只要是人，都會有個性上的弱點和可攻之處，花點心思找出來，解決之道就會出來。

自己先退一步，再找出對方可以接受的方式

我先生的家庭非常傳統、保守，所以我都用先退一步、配合的方式，減少摩擦和對立。得到他們的信任和鬆懈心防，然後再慢慢找出他們可以接受的方式或理由來說服他們。有時甚至要採用不著痕跡、潛移默化的方法去影響、改變他們。

引述好的報導或文章有不錯的效果（我也非常期待我那一篇〈如何與長輩溝通〉能些許發揮這樣的功效）。我記得看過一本日本醫生寫的教養書，賣得非常好。因為我常去日本，對日本文化有一點粗淺的認識，在我仔細研究後覺得，這本書所以暢銷很大的因素，是由於其中有一大篇特別點出了在家庭教養上，父親

的陪伴與責任分擔有多麼重要，而這樣的論調之前在日本是很罕見的。

如果我是一個家庭主婦，長期苦於先生夜夜應酬晚歸，很少分擔教養工作（這樣的狀況在日本相當普遍），我會很樂意為了那一篇而買這本書，然後想辦法讓我先生看，因為先生或長輩可以輕易的對我們的論點和要求嗤之以鼻，卻很難反駁專家的意見。

教養，適時讓長輩參與協助

在教養方面的不同調，很多時候也可能只是有些長輩並沒有跟上新的時代變化，他們會以本位的經驗來想事情。相信我，只要他們能認定是對孫子有好處，或有幫助的事，爺爺奶奶的投入絕對不落人後。若能適時讓長輩參與協助也很好。

比方，在我的親子館，很多課程都是爺爺、奶奶帶來上課的——當他們發現並不是媳婦強求孩子或亂花錢，而是孫子自己很愛來上的時候，他們送孩子來上課比誰都認真帶勁。

來陪上課時，他們會接觸到其他的年輕家長，從而跟上現在的學習大環境和教養觀念，就比較能理解、認同年輕人的想法、做法。

看看星座、血型書，針對身邊的人做一點個性研究，其實很有幫助。對別人個性的研究、了解，可以協助我們找出對方個性的soft spot；即使找不出真正有效的解決辦法，也可以讓自己明白：喔，原來每個人的個性、想法真的很不一樣，我們不應該期待人家都跟我們同步同調，所以經常性需要針對不同看法做溝通努力，是生活上的必須，而不是困擾或困難。

家．長．可．以．這．樣．做：

1認真面對問題，想出對策，必要時先改變自己，而非停留在抱怨的層次上。

2用長輩的立場想事情，且感謝對方，與長輩的相處就能往前跨一大步。

3引述好的報導或文章，給長輩參考，也可以適時讓長輩參與協助。

4每個人的立場和想法都不同，經常得與不同想法的人溝通，是我們每個人的生活必須。

※　※　※

Q：請問您如何幫助孩子，建立他們的英文能力?希望可以從您的經驗，給我一點發，讓我的小孩有完整的中文能力。

A：語言學習沒有捷徑，需要的是時間和環境，需要的是背誦和反覆練習。

如果英語不是您的母語，我建議您不妨用自己學習英文的過程，回頭來思索這個問題的答案。假設您希望孩子將來能有與您相當，甚至超越您英文能力的中文能力，那您可以想想看，從小到大，您花了多少時間和精神在英語學習上，那就是您的孩子需要花在中文學習上的時間、精力。

在台灣，我們從某個年齡層開始，每天的學校課程都有英文，不斷的考試、背誦，不斷的加強學習，多年持續下來，才擁有現在的程度。因此，想想一個每週只利用週末去上一天中文學校，但其他天都完全不用中文的孩子，能期待他有多好的中文能力？

我大哥的兩個孩子在美國出生、長大，他們都能說中文，但讀、寫能力都不好。令人意外的是，現在很多把中文當外國語學習的老外，沒有像我大哥的孩子一樣，擁有說中文的父母和文化背景，但他們中文的聽、說、讀、寫能力，卻遠遠超過我大哥的孩子。為什麼呢？因為中國的強大提升了中文在國際語言中的重要性。

動機，是孩子能否學好語言的關鍵

現在很多金髮碧眼的孩子都非常認真的學習中文，把中文能力的好壞，視為攸關自己未來發展的重要因素。當孩子把任何一種學習當回事，願意花時間認真去做的時候，自然就會有好的能力與表現。

我一個朋友的孩子，光靠自修，就考過日文四級，並學會韓文。她為什麼這麼厲害？很簡單，因為這個孩子哈日、哈韓。文化的認同、喜愛，協助她克服了學習過程的枯燥與辛苦，提供她努力的動機。

過去在美國，要讓華人的孩子好好學中文有其困難性，因為有些孩子希望得到主流文化同儕的認同，會刻意淡化自己的ethnic background，因而對學習中文沒有熱情與興趣，若加上學習環境與時間不足，多數孩子能聽、能說就不錯了。

所幸隨著中國的崛起，孩子對中國文化的認同與對中文能力重要性的理解，已經不需要父母強使力；所以只要能確定孩子對這個語言文化的重要性，有正向的認知，就像我們對英文必要性的看法一樣，剩下的就是時間上的努力付出和中文環境的營造。我想要強調的重點是，因為語言學習需要長時間的堅持來累積堆砌，所以建立孩子學習這個語言的動機是很重要的。

量身打造孩子的英文學習

我對孩子的英文學習安排歷程大約如下：兩三歲起進入全英語環境的幼兒園，目的在讓孩子對這個語言的熟悉度盡量接近母語，並習得正確的發音和好聽的語調。大班回到中文環境，改成一週兩次，各約一個半小時的英語課程，這樣約一週三小時的課程時間，持續到國二。

孩子讀國小期間，我讓他們到一個一班約六七個孩子的小家教班。高年級後，我的親子館有一位英文程度和教學能力都很好的英文老師，就由她帶著我的孩子，一直上到高一。

高中以後，兩個孩子的英文，除了去上過短期的ＳＡＴ課程，和申請學校期間，請外籍家教來指導寫作，基本上，他們是靠自修，因為他們的英文能力在坊間已經很難找到合適的課程。

我對孩子的英文能力要求跟多數的孩子不同步，所以我們沒有在外面上過英文補習班。整體來說，他們花在非學校英文課程的時間並不算多。

提供讓孩子「強迫接收英文」的環境

孩子小的時候，會傾向使用對他們來說簡單、方便的語言，通常就是母語或學校環境使用的那個語言，所以外語的學習需要花精神提供「強迫接收」的環境。

我的孩子利用每週的英文課跟一個進度，我則負責在家監督他們，認真完成功課和背誦練習。學校一般其他科目的課業，因為老師也會盯，有進度和考試成績幫忙我們驗收，所以我的時間大部分都花在盯英文和才藝的功課。

我買非常多的英文書籍，並要求他們、陪他們看，因為不給一點壓力，若要小孩子利用休閒時間看課外讀物，他們會選擇比較輕鬆、熟悉的語言，絕對會主動拿中文故事書，而不拿英文書。

我也會利用上下課的車程，以及睡前，讓他們聽英文故事或廣播。小學二年級到四年級，我很認真的陪他們按進度背英文單字。一直到小學四年級前，我花了非常多的力氣，**把英文環境經營、散布在日常生活的空隙中**，但盡量不要影響、占據花在其他課業、科目的時間，暑假才是我讓他們大量趕進度的機會。

孩子的語言學習，考驗父母的執行力與堅持力

利用假期，安排孩子回到中文環境生活，效果不錯。但如果您對孩子的中文讀、寫能力有所期待，年紀越大的孩子，就需要安排越多，有點進度壓力、比較扎實的學習課程。寒、暑假的密集語言課程，很容易在短期內，讓孩子看到自己的學習成果，且得到成就感，比較能鼓舞孩子持續學習。

我所知道生活在美國，但中文程度很好的孩子，都有非常堅持與嚴格的父母。

通常他們會規定孩子從小就必須完全用中文跟父母（或其中一人）交談；他們當然也都有花時間做大量的讀、寫練習。

總之，希望孩子長期持續的學習到某種成果，通常考驗的，其實是父母的執行力與堅持力！

家・長・可・以・這・樣・做：

1 語言學習沒有撇步，就是時間，加上反覆的練習。

2 語言學習需要長時間的堅持，父母可以協助孩子，建立學習語言的動機。

3 除了讓孩子上英文課，閱讀英文書籍、英文故事或收聽廣播等，也是父母可以提供的資源。

如何處理孩子感情、人際及打扮？

Q

最近我和我先生對於五歲女兒的管教有些爭執，但因為讀了您的書，讓我們的溝通有了方向及目標，所以我們非常感謝您出書，分享您的教養理念。我們一起去聽了您的演講，收益良多，但是還有一些問題想請教您：

1如何處理小男生小女生感情的事？包括幼稚園、國小、國中、高中階段一定會碰到喜歡的對象，該如何處理及溝通？

2小朋友在團體生活中肢體或語言的衝突該如何處理？

3對於小女生愛打扮的問題，請問您有什麼建議？

Q：如何處理小男生小女生感情的事？包括幼稚園、國小、國中、高中階段一定會碰到喜歡的對象，請問該如何處理及溝通？

A：我認為孩子的感情問題，大概是關於親子教養的諸多狀況中最難處理的，因為牽涉到別的家庭和孩子，複雜度就提高了，而且一旦孩子深陷其中，很多時候不是理性的說教可以講得通。

採取「預防性」做法

為了避免自己和孩子陷入這樣的僵局和苦戰，我採取的方式是比較「預防性」的。我第一本親子書中〈親子過招——提出孩子願意接受的建議〉和〈教養，預防勝於治療〉兩篇，針對這個觀念以及我的做法有比較詳細的說明。我會利用各種機會，不斷的讓孩子了解父母對「讀書階段談戀愛」的看法：我們理解，但不贊成。

我們了解從小到大，一定會碰到自己喜歡、心儀的人，雖然生活上能夠有值得欣賞、喜歡的對象是很美好的，但我們認為在適當的時機，做適當的事情對自己更有益、更重要，因此希望他們在十八歲以前，盡量掌控在「欣賞」和做一般朋友的階段就好。通常在事情還沒發生時，孩子比較聽得進去；如果他們真的聽進去了，那這些觀念或多或少就會內化為他們的判斷標準與行為依據。

小學中年級前，以輕鬆、開放方式應對

以我自己家的情形為例，因為女兒比較成熟、穩重，在高中畢業前一直沒有這方面的困擾，兒子倒是從幼稚園起，狀況就比較多。我覺得在小學中年級前，一般來說「情節」都不會太重大，所以我盡量用非常輕鬆、開放的方式面對。

我記得兒子幼稚園的時候，回來跟我說，他很喜歡班上的一個女生，形容她「皮膚白白的，嘴小小的，長得很可愛」，我還跑去學校偷看呢！

果然不是漂亮小公主型，而是臉圓圓、卡哇伊型的。我覺得他形容得很貼切，因此大大讚美他的描述能力，也常跟他聊他喜歡的女孩子在學校的情形。他出國時，想買像鑰匙圈或小玩偶類的紀念品送給小女生，我都不會反對。

告訴孩子，欣賞、喜歡和愛的差別，以及尊重別人身體等觀念

到中年級以前，多多少少會有孩子誰喜歡誰的情況，我盡量不表立場、很開放的跟他談論，讓他沒有壓力的回來「報告」，但會趁機說明一些適合他年齡了解

的觀念給他聽，比方欣賞、喜歡和愛的差別，以及要尊重別人的身體，對各類的肢體碰觸，要有合不合宜的程度、概念等等。

在孩子「換對象」或「空窗期」時，給孩子正確的愛情觀

我會利用他「換對象」或「空窗期」，讓他明白「喜愛」的感覺會隨著時空轉移而改變；愛情絕對不是從天上掉下來、永不改變的唯一，而是需要認真經營的，現實生活的困難與阻撓終究會影響愛情的熱度與持久度。

戀愛交往需要認真、負責的態度，因為談戀愛可不光是只有甜蜜的享受，同時也必須付出很多代價。交朋友和找尋人生伴侶不一樣，行為、態度上都要分清楚。還有，喜歡的感覺不一定是對等的，「單戀」或「失戀」的情形也很可能會發生。萬一在感情路上不如意，要知道天絕不會因此塌下來——情傷絕對可以療癒，千萬不要傻到用傷害自己或別人毀了前途。

等他再大一點，我就會要他回想自己當初的情形，和當下的心情好好做個對照，確實觀察到當自己回頭看時，的確會覺得以前的自己有點幼稚、自己的喜愛會改變，或想得不夠周全，然後再比較嚴肅的勉勵他，把談戀愛的「責任」放到自己成熟一點，有能力判斷與負責的時候再去擔負。

新聞事件，也是能與孩子分享觀念的素材

有時新聞出現一些未成年孩子之間的社會問題，我也會藉機把一些法律層面的知識與他分享。因為我家的觀念比較保守，我們從孩子很小開始就強調「責任」的重要性。

我在書中特別提到每一個學習階段開始前，我先生和我都會跟孩子談下一階段的展望。我們談的內容不光是關於課業，而是全面性的生活，當然也包括感情方面。國、高中時，我們一再強調這是人生學習的黃金階段，拿來分心談戀愛得不償失，但是在他們出國念大學前夕，我們則期勉孩子在用心於課業的同時，不妨放開心胸，好好交朋友，因為大學階段已經有相當的成熟度，是該練習如何去安排、掌握生活中的多重面向，好為入社會和獨立做準備。無論是男生女生，都怕「遇人不淑」，所以我們會提供一些「識人」的觀察方法給他們作為參考。

父母必須在態度上盡量包容，才能保持暢通的溝通

總之，在孩子沒這些問題的時候，多把握各種機會，把我們的觀念、想法傳達給他們，但當孩子開始談戀愛時，不管自己心裡認不認同、贊不贊成，在表面態度上要盡量開放、包容，保持溝通管道暢通，再以柔性、不著痕跡的方法去引導

孩子。

孩子感情方面的問題發生了，才想強硬的拆散、防堵，跟孩子沉迷網路之後才思考要斷絕一樣，都非常困難，所以平時就要為孩子打好「心理基礎」，關注孩子的行為變化，尤其是初、高中以上的大孩子，最好在尚未「愛得難分難捨」之前，就對狀況有認識和掌握。

家・長・可・以・這・樣・做：

1 利用各種機會，讓孩子了解父母對「讀書階段談戀愛」的看法。

2 在小學中年級前，父母請盡量開放的跟孩子談論，讓孩子沒有壓力的回來「報告」，但要趁機說明一些適合他年齡的觀念，比方欣賞、喜歡和愛的差別，以及要尊重別人的身體等。

3 在孩子「換對象」或「空窗期」時，給孩子正確的愛情觀。例如愛情需要認真經營，但單戀或失戀也可能會發生。

4 在孩子沒有戀愛問題時，多把握各種機會，把父母的觀念、想法傳達給孩子，但當孩子開始談戀愛，不管自己心裡認不認同，在表面態度上要盡量開放、包容，保持溝通，再柔性、不著痕跡的引導孩子。

※　※　※

Q：小朋友在團體生活中肢體或語言的衝突該如何處理？

A：當孩子跟同學有肢體言語方面的衝突發生時，一定要盡量客觀的從多方面了解事發當時的情形，絕對不要只相信自己孩子說的話，但也要注意不要因為太過嚴格的自我要求或低姿態，讓孩子受到委屈。

若是對方有錯，別急著找對方家長興師問罪

如果是比較小的狀況，先跟孩子模擬討論幾種事發經過的可能性，然後建議孩子，自己如何去面對和處理。

如果覺得比較嚴重，需要家長出面，就先請教老師和其他相關同學或目擊者。

若是自己孩子的錯，就要想辦法規範、勸說，並（研究看看需不需要家長陪同）讓孩子去認錯、道歉。

即使覺得對方有錯，也不要急著直接去找對方家長興師問罪，因為的確有些家

長不講道理或不用心管教，有時反而會因為家長出面，造成更多的麻煩，把事情弄得更複雜。

常在團體中製造困擾的孩子，家裡多半有一些造成這類行為的背景因素存在，通常導師對所有孩子的家庭狀況會有基本了解，最好先跟老師商量後再做安排。

孩子的行為，從父母、長輩而來

發生這一類的情形時，其實大人自己必須仔細檢驗檢討自身言行，以及家人互動的方式，因為我相信多數孩子處理事情的反應和方法，是從周遭環境中學習、模仿而來，而最可能的學習榜樣，當然就是家中的父母、長輩。如果不是模仿，也可能是因某些親子關係和互動上的問題造成。

我和我先生從來不在孩子面前吵架，幾乎連大小聲都沒有過，偶爾有些小事不愉快時，頂多看到我們不講話，但時間都不會太長。我們希望孩子能學到情緒控制和理性應對。

根據我的經驗觀察，家中若從小建立良好互動，孩子的行為觀念有依據，情緒也比較穩定，應該不會那麼容易受同學影響。

如果檢討過後，覺得這樣的影響可能來自於同學或其他地方，那在家裡對孩子約束力和影響力的「執行」究竟有沒有落實，也需要檢討，做父母的不該第一個反應就是「一定是被同學帶壞了」。

開始上幼稚園以後，我常常提醒孩子不論發生什麼事，即使錯在對方，使用言語暴力或動手打人都不應該（自身安全受到威脅的情況除外）。我也常常提醒他們，如果碰到無法解決的同儕問題或困擾，千萬不要隱忍不說，一定要向老師或父母求援，我們會盡力在「避免大人動不動就出面干涉」的前提下，協助他們找出最好的應對之策。

父母協助孩子，檢討衝突發生的原因

有兄弟姊妹的家庭，在家裡就常常會有種種衝突產生，父母有很多機會協助孩子檢討衝突發生的原因，並提供孩子未來的言行應對參考，絕對不可以因忙碌、嫌麻煩而不管事發原因，一味要求哥哥姊姊要讓弟弟妹妹。

同時，也要觀察比較成熟有心機的兄姊，有沒有暗中操控、修理弟妹。即使手足間年齡或成熟度落差很大，也必須本著公平、合理的原則。

讓孩子練習，從對方不同的角度來設想

不論是打架或吵架，可以一起從事發原因和情境討論起，讓他們在申訴自己立場的同時，也必須聆聽對方的理由。

指導孩子在不同意見發生時，練習如何從對方的角度來想同一件事情，然後建議一些不同的應對方式給孩子去感受、體驗，讓孩子學會在情緒高漲時如何自我控制，如何避開挑釁和消弭對方的怒氣，讓事情得以平和化解。

父母與孩子做「沙盤推演」，學習溝通、相處技巧

獨生子的狀況牽涉到別家的孩子，會比較麻煩，通常無法找來同時溝通，但同樣要從這樣的機會，讓孩子學習體諒他人、適度容忍，以及與別人溝通相處的技巧。

家裡雖然沒有兄弟姊妹的「實境體驗」作為檢討樣本，還是可以利用孩子在團體中碰到的問題，或其他孩子的狀況作為範例，在家中和孩子做「沙盤推演」的討論，孩子自然可以從中學習。

有些孩子容易成為被挑釁的對象，這時父母就要多費心找出原因，並協助從源頭解決問題。孩子從小到大，我們不可能求得百分百成熟、安全、完美的環境，

所以人際關係的處理技巧，也是一種必須培養的能力。

協助孩子找出自信、習得與人相處的應對技巧、建立自我保護與趨吉避凶的能力，是父母需要花心思去努力的，重要性絕對不在「好好用功讀書」之下！

家・長・可・以・這・樣・做：

1 當孩子跟同學有肢體、言語衝突時，一定要盡量客觀的了解當時情形，絕對不要只相信自己孩子說的話，但也要注意，不要讓孩子受到委屈。

2 如果是比較小的狀況，先跟孩子模擬討論幾種事發經過的可能性，然後建議孩子，自己如何面對和處理。

3 若是自己孩子的錯，就要想辦法規範、勸說，並讓孩子認錯、道歉。

4 若是對方有錯，不要急著去找對方家長與師問罪，因為有時會因為家長出面，造成更多麻煩，最好先跟老師商量後再做安排。

5 有兄弟姊妹的家庭，父母有很多機會協助孩子，檢討衝突發生的原因，並提供孩子參考，絕對不可以一味要求哥哥姊姊要讓弟弟妹妹，必須本著公平、合理原則。

※　※　※

Q：對於小女生愛打扮的問題，請問您有什麼建議？

A：幫女兒打扮，是生兒子比較享受不到的樂趣，我覺得做父母的在小女生學齡前應該好好享受這項「福利」。需要注意的重點是，打扮的程度拿捏在父母手中，對孩子的行為、興趣與價值觀的確會有影響。

父母先問自己，想培養出什麼樣的孩子

最近常有朋友或讀者拿各式各樣的問題來問我，我一定都會先提醒一句：「你對孩子的期待是什麼？你希望他長大成為什麼樣的人？」

教養沒有放諸天下皆準的方法或公式，但不同的方法會產生不同的影響，決定採用哪種方法，則必須由教養者來深思考量。

像您這個問題，如果有家長期待培養出一個未來的名媛，那我個人的觀點和教養方式就不值得參考了。雖然我覺得一個人的品味從哪個年齡點都可以開始培養，經濟能力許可的人不論在什麼年紀，靠花錢也可以習得，甚至「買得」品味，但自然散發的「貴氣」與「眼光」，則需要從小「投資栽培」。

我們在媒體上常常看到一些家境優渥的名媛，年紀輕輕就有極高的品鑑能力，

這並不是裝模作樣或媒體吹捧，而是鑑賞能力的確需要靠經驗來累積。童話故事《豌豆公主》其實是非常經典的例子——看過、用過好東西，才會了解精品和粗品的差異；常常接觸美的東西，才會知道怎樣表現美感。

不過，我個人認為成為一個名媛小公主，擁有物質經濟上的優勢，或許會讓他人羨慕、嫉妒，終究無法讓自己的心靈得到滿足，孩子也不容易結交到真正「質佳」的朋友。

能力和學識，能讓人贏得敬意與成就感

追求物質享受的能力門檻很低，學習難度也不高，這也就是多數人對喜歡炫耀「花錢能力」的人不敢恭維的原因。

太過於著重物質層面，沒有培養和內心對話的能力，長大以後不容易找到精神生活的目標與重心。只有能力和學識，可以幫自己贏得誠心的敬意與踏實的成就感。

女兒上小學後，降低打扮程度

女兒小的時候，我也喜歡買漂亮衣服，把她打扮得很可愛，但前提是樣式不過

度，花費不奢侈。我比較注重的是從場合的適宜性，讓孩子懂得衣著的禮貌，還有從式樣、顏色的搭配，去學習基本的鑑賞品味能力。

上小學以後，我就開始刻意降低服裝打扮在生活中的重要性，讓孩子把成就感的重心放在知識、才藝能力的追求。由儉入奢易，現在的時代，花錢的能力不需要教，孩子想學的話，不用多久就可以「上手」，反而是節儉的習慣，必須從小養成。

我不希望他們慣於常常從他人讚美「你好漂亮喔！」或「你的衣服好美喔！」來得到虛榮感。我也不希望在念書階段，孩子把太多心思花在外表上。

讓孩子從小養成不奢華、不浪費的習慣

我們在家從不強調衣著的品牌、價錢；孩子年紀越大，我帶他們買的衣服越平價，只要求他們的穿著打扮順眼、大方。

如果您看過我的書，應該知道我在很多「觀念」的養成，是盡量不著痕跡的走在孩子前面，採用「引導」的方式。或許很幸運的，我的兩個孩子都順利的照著我的規劃發展，不過如果我的孩子有某些先天的特質，我的做法或許就會不一樣了。比方有些孩子從小就對服裝設計與搭配展現高度的興趣，或在畫畫、設計方

面極具天分，那父母就培養的立場來考慮，可以採取不同的做法。

無論如何，我還是相信從小養成不奢華、不浪費的習慣比較好，尤其是女孩子。當今瞬息萬變的世界中，再有錢的父母也無法確保可以買到孩子未來的幸福，我想漸入佳境的物質環境，絕對比小時優渥，長大卻辛苦的生活來得好適應吧！

家・長・可・以・這・樣・做：

1 幫小女孩打扮，打扮的程度拿捏在父母手中，對孩子的行為、興趣與價值觀會有影響。

2 如果讓孩子太著重物質，沒有培養和內心對話的能力，長大後，可能不容易找到精神生活的重心。

3 父母可以從場合的適宜性，讓孩子懂得衣著的禮貌，從式樣、顏色搭配，讓孩子學習鑑賞能力。

4 上小學後，父母可以降低服裝打扮在生活中的重要性，讓孩子把成就感的重心放在知識、才藝能力的追求。畢竟這是孩子受用一生的能力。

Part 2

小學

（如麵包般，不同材料做出不同麵包，不同父母教養出不同孩子）

小學六年，是親子互動最密切的階段，對父母來說，辛苦卻充滿了希望。這個過程有點像做麵包，有些父母很隨性，但有些父母對自己要做出什麼樣式、口味的麵包就很有想法和計畫。不過，從材料的品質比例、揉麵技巧、發酵過程、時間拿捏到環境工具等等，影響成果的因素很多，每一個環節都需要用心以對。

儘管麵粉的品質是由老天發配決定，如果能夠看清手中麵粉的特質，決定該用哪種做法配方和加料，好的麵包師傅還是可以影響成品的賣相與口感。

這個年紀的孩子已經具備了各種基本能力，進入社會（上學）的種種適應過程，是父母協助孩子養成觀念和習慣最重要、也最容易使力的階段。做得好的話，不但可以是親子間最親密快樂、最令人懷念的一段時光，也能為往後的互動關係打下良好基礎。

如何訓練小孩按時寫作業？

Q

我的兩個小孩各七歲和六歲，每天上班前，我都會提醒他們，功課一定要在媽媽下班前完成。每次他們都說好，哥哥完成功課的機率很高，但弟弟卻常常沒辦法做到，加上最近姪女放學都會來我們家，兩人書包一放，就玩在一起。

請問有什麼方法，可以訓練小孩按時完成作業呢？

A

對小小孩來說，父母所有的規範都需要經過反覆的要求和執行、練習，才有辦法成為自發性的習慣和自我要求。

培養孩子自律的方法

常有父母對我抱怨孩子「答應」、「承諾」了，卻做不到。我就開玩笑說，如果一個學齡前的孩子總能說到做到，可就比多數成年人還厲害了！

好逸惡勞是人的天性，玩樂也是孩子的「天職」。幼童會輕易承諾，是因為多數孩子都想要取悅父母，但他們對自己的自律能力和執行力並沒有太清楚的認知。我們可以持續要求，但不應苛責。

希望小孩養成自我約束的能力，就要提供他們簡單易懂、容易遵守的方法，在父母的監督下，反覆練習至達成為止。口頭的交代只是指令和提醒，沒有提供方向和做法，也沒有規範力量。

幫孩子排出作息順序表

以寫作業來說，現在的孩子有很多各式各樣的親子作業，其中不乏難度相當高的功課。父母要把放學後到家長下班回家前的時段中，該寫功課的時間長短，明確訂定出來。孩子該於時間內自己完成的功課有哪些項目。

家長在訓練初期，請每天確認，讓孩子在第二天執行時有所依據。協助孩子把放學後到上床睡覺前的時間，依每天必須做的事，包括寫功課、吃飯、練才藝、洗澡等，排出作息順序表，並告知完成的優先順序。

請盡量每天在完成所有事情後，給孩子一段可自由安排的遊戲時間。孩子只要能做到，該享有的福利與自由一定要給；沒有認真執行，該剝奪該懲罰的，也務必要做到，不要讓孩子發現可以心存僥倖或摸魚。

比方，執行順序上如果是完成功課、吃飯、練才藝、看卡通、洗澡、遊戲，父母就必須堅持按順序來，前一項沒完成，就沒有下一項，每天該做的事也要做完，絕不通融。

如果發現有質、量上不合理的功課，要讓孩子清楚明白，當天可以不完成的理由。

小學低年級是習慣養成的黃金期

小學低年級是習慣養成的黃金期，父母勢必要投入時間與精神關注、陪伴。等孩子養成習慣後，大人就輕鬆了。

很多不只一個孩子的家庭都會發現老大循規蹈矩，老二卻很會察言觀色、混水摸魚，其實我覺得孩子的行為習慣真的跟排行有關。

家庭中的第一個孩子得到大人的全神關注，想變把戲也難，但老二以下的孩子就很容易從父母忙碌的生活腳步中找出縫隙鑽。

明確劃分寫功課、吃飯和遊戲的區域

由於年齡差異，老大通常速度和完成度高。建議您對弟弟該堅持的一定要堅持，訓練初期，千萬不要為了自己方便，而統一孩子的作息。

寫功課、吃飯和遊戲的區域最好明確劃分。即使兩個孩子步調不同，也不會互相影響孩子做事的專心度。

至於親友的孩子，只要是來到家裡的，都要一視同仁的遵守「家規」。有人幫忙規範、管理孩子，合理的親友應該都會很樂意配合。如果意見不同，就只好說聲抱歉，謝絕來訪囉！

家·長·可·以·這·樣·做：

1要培養孩子自律，口頭的交代是無效的，必須提供他們簡單易懂、容易遵守的方法，反覆練習至養成習慣為止。

3父母協助孩子把放學後到上床睡覺前的時間，依每天必須做的事，包括寫功課、吃飯、練才藝、洗澡等，排出順序表，並告知完成的優先順序。

4在孩子每天完成所有事情後，給孩子一段可自由安排的遊戲時間。

5父母必須堅持，前一項沒完成，就沒有下一項。每天該做的事也要做完，絕不通融。

該做功課、複習，孩子擺臭臉，該堅持嗎？

Q

想請教您一個問題：我們花很多時間來陪伴小孩，但有時候當應該做功課、閱讀、複習課業時，小朋友偶爾還是會擺臭臉或是耍脾氣說：怎麼又要複習了、又要閱讀了……真不知道這時候該堅持，或是該讓他休息？不堅持，怕小朋友下次又這樣，但堅持又擔心逼小孩閱讀、複習，會不會讓他們失去興趣或是排斥？

A

您所提的問題沒有說明孩子的年紀，所以我無法很確實的針對您的狀況回答。只能以我個人整體的概念提供您參考。

讓孩子從心裡相信，做這樣的事情對自己有好處

我認為年紀愈小的孩子，愈可以用嚴格、堅定的態度與語氣要求服從，理由也不用說太多，但隨著年紀愈大就必須加入更多的尊重，強制執行的同時，必須想出好的理由來讓孩子信服。

也就是說，孩子不一定能夠喜歡或自願做大人要求的事，但受到規範要求時，即使他做得心不甘、情不願，他也必須打從心裡相信做這樣的事情對自己有好處，而不是為父母做的。

這樣的理解，需要由父母在日常生活中藉由各種方式建立起來。父母應對的態度和方法需要隨著孩子成長做調整改變。透過「從小做起、由緊到鬆、想在前面」這些原則，我覺得父母可以比較輕鬆的做到。

父母避免把犧牲或辛苦掛在嘴上

人都是自私的，辛苦的事若不是為了自己好，何必要做？所以我常常提醒家長們，千萬不要把自己的犧牲或辛苦掛在嘴上，想對孩子邀功也要有技巧。

比方有些父母常在要求孩子、念孩子時會說：「我這麼辛苦（我要你這麼做）還不都是為了你好！」年紀比較大的孩子聽到這話時，心裡常會有的ＯＳ就是：

「我不覺得好啊？我又沒要你這麼做。」

父母如果說：「你不好好念書考個好大學，怎麼養活自己？」孩子可能也會心想：「拜託，現在很多大學生找不到工作！」

越簡單的道理，越適合對年紀小的孩子說

我從孩子很小就灌輸他們觀念，高中以前的學習其實就是在給自己打未來的根基，好好學習可以為自己開展更寬廣的路。所以，多閱讀主要的目的不是為了未來考好成績好學校（當然，能順便達到這樣的目的不是很好嗎），而是增加自己的語文能力與增廣見聞。

很多人會說，這麼八股的觀念小孩哪聽得進去？我的心得是，越八股、簡單的道理，越適合對年紀小的孩子說，越大就越需要用腦筋想「行銷」方式包裝我們的理念、觀念，再巧妙的「推銷」給孩子。

隨時在生活中觀察、捕捉，對孩子進行觀念傳遞

舉例來說，剛開始學國字的小小孩在打開需要拼裝的玩具時，可能會有說明

書。看不懂說明書的孩子就會需要大人的幫忙，這時我可能就會趁機開玩笑說：「哇，還好媽媽小時候有認真念書，看得懂說明書，不然想玩玩具也沒辦法玩呢！弟弟你上課要認真學生字，下次就由你負責讀說明書囉。」孩子會得到一種印象：喔，原來玩也得要識字。

觀念的灌輸我會採取這種方式，而不是一再重複「語文能力對你很重要」這一句話。像這樣協助孩子建立觀念的機會，必須隨時在生活中觀察、捕捉。

所以我跟朋友開玩笑，孩子小拚體力，長大了要拚口才、拚腦力。孩子如果有比我有道理的話，我不認為因為我是父母他們就必須聽我的，所以對孩子的意見或種種狀況，我盡量周延思考，然後提出讓他們心服口服的意見。

如果是比較大的孩子，就要善用幽默感，有時候媽媽用玩笑方式去拗或撒嬌也有用。

培養孩子的學習興趣，比多考幾分重要

關於閱讀，小學三年級以前，要盡量把閱讀範圍拉廣，因為中年級以後的小孩開始會有自己的閱讀主張，就會走入孩子自己有興趣、比較狹窄的項目。

開始有自我主張是「長大」很自然的發展，只要孩子的選擇不離譜，父母要逐

漸放手，予以尊重。

現在閱讀的選擇非常多元，如果是不大喜歡閱讀的孩子，不妨多觀察孩子的興趣和喜好，從這些方面來下手，不需要太功利，覺得一定要念什麼書才好。我認為培養孩子的學習興趣，比眼前多考幾分重要多了。

靈活運用「小型圖書館」或「小書庫」概念

很多家長以為規定時間，陪著孩子盯著孩子閱讀，小孩就會喜歡，其實這是由上到下的強勢領導，孩子不會感受到閱讀是自己的休閒樂趣。

當孩子開始有能力自己閱讀時，就要逐步減少講故事或爸媽陪著讀同一本書的時間，而是以一種「小型圖書館」或「小書庫」的概念讓孩子覺得自己有主導權和選擇權（當然，孩子比較小的時候，這個圖書館的藏書其實父母可以做選擇）。

在約定的閱讀時間內，我會陪著他們，但各讀各的書，這樣比較能營造出各自自由享受閱讀時光的感覺。

開個小會議，讓孩子自己建議可行的做法

不要「怕」孩子擺臭臉——如果孩子擺擺臭臉，我們就被打敗的話，那往後也不需要再思考怎麼教養，因為隨著孩子成長，難度只會愈來愈高。

父母要知道好逸惡勞是人性，練習不被孩子的情緒牽著走，盡量保持從容的態度，把孩子的臭臉當成警訊，用心檢討，才有辦法冷靜思考對策、見招拆招。

「對付」小孩子用變化方法和轉移目標的方式滿有用，比方孩子拒絕複習課業時，那就用點幽默感「深表同情」，但誠懇提出一些不這麼做的缺點，以及自己或他人不努力，深受其害的例證。

也可以開個小會議，讓孩子自己建議可行的做法。年紀愈大的孩子要避免用強迫服從的方式；父母平常就要多用心，思索各種讓孩子難以反駁或挑戰的理由，在立場、觀點不同時拿來說服孩子，讓孩子信服。

從小製作時間表，培養責任感

關於複習功課，我建議要好好做時間表，把該做功課、讀書、運動、才藝和休閒時段做好安排，建立「完成責任內工作，才有資格休閒」的責任感與觀念。

對有照規矩執行的孩子，就要好好的把說好的休閒、娛樂時間留給他。時間利

用的效率固然很重要，但每個人都需要休閒、放空的時間，每個孩子也都有自己的步調和能力極限，千萬不要貪想把孩子所有的時間都做最大的利用，逼得孩子喘不過氣來。

家．長．可．以．這．樣．做：

1 從孩子小時候，就灌輸他們觀念：高中以前的學習是給自己打未來的根基，好好學習，可以為自己開展更寬廣的路。

2 隨時利用生活中的各種機會，巧妙協助孩子，建立觀念，而不是一再口頭重複空泛的大道理。

3 用變化方法和轉移目標的方式也很有用，比方孩子拒絕複習課業，那就用點幽默感「深表同情」，但誠懇提出自己或他人不努力，深受其害的例證，或開個小會議，讓孩子自己建議可行的做法。

4 製作時間表，把該做功課、讀書、運動、才藝和休閒時段做好安排，建立「完成責任內工作，才有資格休閒」的責任感與觀念。

同儕相處有問題？

Q

有一天，剛上小一的兒子回家，他很生氣的對我說：「小豪今天說我圖畫得很醜！」我原本不以為意，安慰他幾句，想說就沒事了。沒想到接下來幾天，個性相當害羞，卻十分固執的兒子對畫畫越來越沒興趣，他常常拒絕做需要畫圖的功課，讓我十分緊張，於是我在兒子的聯絡簿上告訴老師這件事情，想請老師幫忙處理。

隔天的聯絡簿上，老師回覆我「已處理」，只是兒子卻很不開心，他要我以後不要再跟老師講同學的事。

原來老師的處理方式是直接把兒子叫來問，然後要求小豪跟兒子道歉，之後小豪當然更不會給我兒子好臉色了。

我覺得老師的處理方式不夠細膩，很想再向老師反映，但又怕造成兒子的困擾，更加影響他的學習意願，這到底該如何是好？

A

從您的信看起來，您的孩子是獨生子，而您個性溫柔，把兒子照顧得無微不至。若以這次的事件來說，我認為嚴重度還不至於必須找老師出面，您和先生應可以在家做更深入的了解並開導。

培養孩子練習解決問題的能力

如果動不動就找老師解決孩子在學校的同儕問題，或對孩子的一些小情緒過度呵護，不但可能讓孩子失去練習自己解決問題的機會，有時反而還會造成孩子之間更多的嫌隙。

老師在學校授課之外，還要處理許多事，學生人數又多，因此除非事態嚴重，很難苛求老師做到非常用心、細膩的處置。

一般來說，如果是嚴重的肢體衝突或霸凌，是應該第一時間就找老師了解或告知，至於其餘同學之間的言語態度、相處問題，父母不妨嘗試在家協助孩子處理。

學習如何化解人際衝突

我建議您可以引導兒子把當時的狀況，做更清楚的描述，以協助兒子判斷，小豪的言語、行為，只是不禮貌？還是惡意挑釁？這樣可以讓您兒子從中學習如何應對來自不同背景和觀念行為的人，並化解衝突。

這樣做可以加強親子溝通，讓媽媽更清楚學校的情況，同時也訓練孩子的表達、轉述能力。

家長也應該讓孩子明白，我們在生活上常會碰到一些不成熟的態度或言語，很多時候，我們不需太在意、計較。而適度做一些調適心情和轉換觀點的練習，可以增加孩子處理人際關係能力的經驗值。

從另一種角度鼓勵孩子

至於對畫畫失去興趣，您不妨拿梵谷生前完全不受欣賞的故事，以及以畢卡索後期一些比較難懂的畫作作為範例，告訴孩子，好的作品和表現，來自於「認真的學習」和「不斷的練習」；美醜的看法有欣賞角度，絕對不是一個同樣七歲的同學可以「判決」的！

家・長・可・以・這・樣・做：

1 若是嚴重的肢體衝突或霸凌，請在第一時間就找老師了解或告知；若是同學間的相處問題，父母不妨在家協助孩子處理。

2 引導孩子將當時的狀況，做更清楚的描述，並學習如何判斷、應對及化解衝突。

3 幫助孩子，適度做些調適心情和轉換觀點的練習，增加孩子處理人際關係的能力。

夫妻教養不同調（課業篇）？

Q

我先生因工作關係常在大陸，多數時間都只有我和念小二的兒子在家。我非常認真教養孩子，安排了許多才藝課，每天晚上全程親自督促寫作業和念書，一有空檔，也盡量陪他閱讀和做練習。

但最近孩子常常會對閱讀和寫課外的練習本表現不耐煩，而且每次爸爸打電話回來時，還會趁機對我先生抱怨說學校功課以外，每天媽媽都給他寫不完的作業，讓我先生對我頗有微詞，我們常因此吵架。

我覺得很委屈，因為一個人帶孩子已經夠辛苦，我所做的一切，還不都是為了兒子好？現在外面的學習環境那麼競爭，又讓我很擔心，我該如何說服我先生呢？

A

為了孩子付出所有的時間和精力，如此用心良苦，卻無法得到另一半的認可與支持，的確令人感到沮喪！不過，我常提醒一些家長，孩子成年之後有自己的人生和未來，為了教養態度不同調而影響夫妻關係，實在不值得，我還曾看過因教養觀念落差太大而離婚的情形。

找出自己與先生都認同的教養方式

一般來說，無法付出很多時間陪伴孩子的家長，因對教育環境現況缺乏了解，會以自己過去的成長經驗作為判斷依據，比較會說出：「我以前沒補這麼多，還不是好好的。」或「才小學，何必這樣逼！」這一類的話。若能知道先生是因為沒有參與而不了解，就不會對他的批評立刻產生不愉快的反應。

盡量收集各類資訊，對先生說明目前的學習大環境，以及自己的理念和方法，讓先生知道自己的安排經過深思與計畫，再共同找出雙方可接受、認同的標準與執行方式，這樣就不至於讓孩子有機會利用父母之間的矛盾，日久變成教養上的困擾。

安排孩子的學習或才藝，並不是越多越好

您對孩子的時間安排，千萬不要太貪心或人云亦云，更不要因先生不在家，把重心和成就感過度寄託在孩子身上。

孩子的能力畢竟有極限，父母最重要的工作之一，就是在有限的時間下幫孩子做篩選和安排，絕非塞越多越好。

我覺得中年級以下的孩子，每天至少要有一小時以上的「遊戲時間」。

讓孩子有選擇權，孩子的感受會大不同

如果您對這一小時的「效益」還是很介意，不妨從中再分半小時出來，安排幾項較有學習性質的休閒、娛樂活動，比方下棋、聽故事，或玩學習性互動遊戲等，讓孩子可以從中「自由選擇」。

因為「有選擇權」或「完全服從安排」，感受上差很多，雖然兩者其實都是在家長的引導下進行。

每個人都需要消化、思考和放空的時間，有些家長把孩子的時間塞太滿了。我建議還是至少要有半小時讓孩子完全作主，父母只給建議而不干涉，這樣孩子以後才不會變得過於消極、被動。

如果您發現孩子連半小時都撥不出來，那您安排的學習活動就太多囉！

家・長・可・以・這・樣・做：

1 盡量收集各類資訊，對先生說明目前的學習大環境，並與先生協調出彼此都認同的教養方式。

2 別因先生不在家，就將重心或成就感過度寄託在孩子身上。

3 在安排孩子的學習活動時，中年級以下的孩子，每天至少要有一小時以上的「遊戲時間」，不宜全部排滿。

夫妻教養不同調（休閒篇）？

Q

我是一個普通的上班族爸爸，兒子今年七歲，太太在家帶小孩。偶爾下班回家，我會陪兒子一起玩電動，尤其是最近火紅的電玩遊戲暗黑三，但太太對孩子打電動很有意見，總是不希望我和兒子一起打電動，她也會阻止我和兒子一起看殭屍、吸血鬼等驚悚血腥電影。

我發現在孩子的教養上，我和太太的標準不太一樣，我們常常在這類事上意見不同，弄得孩子也不知道要聽誰的。

A

在許多來信提問中，只有您的問題，讓我一看就忍不住笑出來！我猜您的太太一定常常覺得跟您們父子相處，很像在帶兩個小男孩！

孩子是最機靈的「政客」

夫妻在教養上一定要同一陣線，因為小孩子是最機靈的「政客」，他們很快就可以在家庭的權力角力戰中，發現長輩間的矛盾並加以利用。

您讓我想起馬總統常在婚禮上訓勉新人的一句話：「太太永遠是對的。」關於教養，您在家裡不妨拿這句話當「家規」，因為我百分之兩百覺得您的太太是對的。

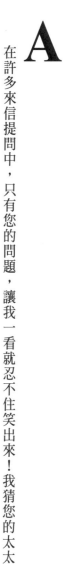

首先，您可知道暗黑破壞神三的盒子上有標示「M」級？意思就是說，這是十七歲以下不宜的遊戲。我可以了解對線上遊戲玩家來說，睽違十二年才推出的暗黑三有多經典、意義有多重大，但大量的血腥暴力畫面，對青少年就已不宜，更何況是幼齡兒童。

不論是遊戲或電影，觀看驚悚、血腥的情節，孩子可能會因驚嚇而恐懼，造成作息、睡眠受影響，或是會有情緒不穩定的情形。

倘若孩子因長期接觸習慣而變得麻木無感，甚至有模仿行為，豈不讓人更擔心！

線上遊戲最大的問題，就是非常耗時間，以及網路上因為公會、組隊造成的交友與牽制，會讓孩子心神不寧，無法專心課業。

盡量延後，並減少孩子接觸網路的時間

男孩子在十歲以後，多數家長最頭痛的事情，應該就是上網和沉迷線上遊戲。小孩子的判斷力和意志力都薄弱，凡是會上癮的東西，父母都應該要盡量延後並減少孩子接觸的時間。

您或許很想跟孩子一起休閒娛樂，但線上遊戲是不需要「培養」，就很容易上手和上癮的。我想，玩線上遊戲應該是您自己的嗜好，下班回家總是會想輕鬆一下，太太卻期待您能分擔陪伴孩子的責任。在這樣的情況下，也許您會覺得帶孩子玩玩線上遊戲或看看自己喜歡的電影，是兩全其美的選擇。

提醒您：孩子的成長只有一次，就像栽培植物一樣，適當的時機就該給予適當的養分，一旦錯過或是給錯東西，將來發現發育不良或扭曲變形，才想補救、矯

治也來不及了。

「父親」角色對男孩的成長影響

在男孩子的成長過程中，父親的模範、角色很重要。陪伴孩子，不是把孩子帶在身邊做大人自己想做的事，而是專心的給孩子一段以孩子為主的時間。

我建議您不妨找個父子都喜歡的運動，每天或每週找固定的時間帶孩子做，協助孩子養成好的運動習慣和興趣，或是每天花一小時，陪孩子寫功課或閱讀。

如果真的很想看電影、電視，也要慎選節目。給孩子玩電腦遊戲，最好能避免線上遊戲，選擇遊戲機或較單純的個人電腦遊戲，時間比較好控制，也不會有上癮的情形。

至於暗黑三，您還是等孩子睡了之後，或利用太太負責照顧孩子的時間，再自己玩吧！

家・長・可・以・這・樣・做：

1 血腥暴力的線上遊戲，容易讓幼童情緒不穩，甚至產生模仿行為。

2小孩子的判斷力和意志力薄弱，凡是會上癮的，如網路，父母盡量延後並減少孩子接觸的時間。

3即使給孩子玩電腦遊戲，最好避免線上遊戲，時間較好控制，也較不會上癮。

4父親的角色對男孩子的成長很重要。找個父子都喜歡的運動，每天或每週找固定時間帶孩子做，或是每天花一小時，陪孩子寫功課或閱讀。

如何增進英文閱讀能力？

Q

我有兩個小孩，分別是小學一年級和三年級。想請教您，不知在沒有英文的環境下，如何增進英文的閱讀能力？

A

閱讀能力的基礎是字彙，累積的字彙量越多，閱讀能力就越強，但還需要搭配足夠的文法觀念，才有辦法精確理解。

由於英語並不是我們的母語，也非日常生活使用的語言，累積字彙只有靠背誦，而文法觀念除了背誦，還需要反覆練習。

學好英文的訣竅

有些人的確有比較高的語言天分，像是聽力敏銳、發音精確或記得快，不過相對於理工科目的學問，語言學習沒有什麼特別的方法或竅門，重點還是在於多花時間、多接觸。

因此，希望孩子學好英文，就必須盡力提供英文環境；想增進閱讀能力，就要讓孩子多閱讀。

中、大班到小學低年級，是培養的黃金期

我認為比較根本的問題應在於孩子喜不喜歡、願不願意閱讀。現在的孩子有很多影音娛樂可選擇，不少孩子連中文閱讀都興趣缺缺，因此從小養成閱讀習慣是很重要的。

小學四年級以後，孩子的自主意識會越來越高。閱讀習慣的培養必須在小三以前完成。培養黃金期在中、大班到小學低年級間，需要父母花時間陪伴、引導。每天忙上網或K連續劇的家長，不能期待孩子會自動自發的喜歡閱讀；想要孩子從小養成閱讀習慣，家長本身要喜歡閱讀，這樣家裡自然而然會有讀書氣氛。

若孩子開始識字，就逐步鼓勵孩子「自己讀」

只要孩子開始有識字、辨別能力，就要漸次鼓勵他們「用眼」，而不要持續「講故事」給孩子聽。

週末、假日如果沒有出外遊玩，可以帶著孩子去逛書店，或一起上圖書館，陪著孩子練習「選書」、「看書」。

此外，對孩子看電視或使用電腦的內容和時間，一定要有所規範，引導孩子利用零碎的休閒時間看課外讀物。

英文課外讀物的選擇，盡量活潑、廣泛

課外讀物的內容選擇上盡量活潑、廣泛，不要太功利。尊重孩子的喜好，只要不是不良讀物都可以，免得讓孩子感到壓力而失去興趣。

如果孩子有相當不錯的閱讀習慣，上小學以後，家長的確可能發現，原本學齡前中、英文繪本都愛看的孩子，為什麼課外讀物越來越喜歡選中文書？那是因為人都會傾向於使用自己比較擅長的語言，孩子上學以後，中文能力累進速度很快，讀中文書比英文書輕鬆、愉快得多，這時父母就得花點力氣去鼓勵和推一把。

閱讀，刻意主攻英文讀物

上小學以後，由於學校都會鼓勵孩子閱讀。我自己在陪伴孩子買書、看書時，就盡量「主攻」英文部分。

我對中文書選書標準會比較嚴，但英文就相對寬鬆，比方我兒子很喜歡看漫畫，平常我不允許他常看漫畫，但我就不會限制他買英文版的漫畫。

覺得自己在英文方面比較無力輔導的家長，可以把重心放在協助孩子循序增加單字量上，因為背單字，只需要找對書跟著背就好了。

頭痛孩子不愛閱讀的家長，不妨找各種機會，讓孩子多聽發音正確的英文故事或英文廣播。雖沒有直接讀的效果好，聽久了，一點一滴日積月累，英文能力也會逐步提升。

家．長．可．以．這．樣．做：

1 想增進孩子的英文閱讀能力，就要讓孩子多閱讀，想要孩子從小養成閱讀習慣，家長本身要喜歡閱讀。

2 閱讀習慣的培養必須在小三以前完成。培養的黃金期則是在中、大班到小學低年級間，需要父母花時間陪伴、引導。

3只要孩子識字，就鼓勵他們「用眼」，而不要持續「講故事」給孩子聽。

4帶孩子去逛書店，或一起上圖書館，陪著孩子練習「選書」、「看書」。

5上小學以後，父母在陪伴孩子買書、看書時，盡量「主攻」英文讀物。

6覺得自己在英文較無力輔導的家長，可以把重心放在增加單字量上，也可以讓孩子多聽英文故事或英文廣播。

孩子熱心相助，卻犯錯？

Q

兒子讀小學低年級，他的個性很貼心，很愛當大家的小幫手。有一天，導師寫聯絡簿，說兒子主動幫忙打掃時不小心碰到她的筆電，結果摔壞了，需要花四千多元修理。

我問兒子這件事，他哭得好慘，還說以後再也不要去學校了！我想弄壞東西當然要賠，所以帶五千元去學校給老師，並拖著兒子去道歉。

老師二話不說，收下錢，此事落幕，孩子也繼續到校上課。但我根本沒看到筆電損壞的狀況，事後我越想越困擾。請問我這樣做對嗎？

A

您所做的非常正確！弄壞別人東西，即使不是故意的，也應該要道歉和補償。不過，您還需要在孩子對此事記憶猶新的時候，把整件事的觀念、邏輯想清楚，趕緊趁機引導孩子，該如何面對這樣的事情、學得適當的應對方法，並從中記取教訓。

由於這件事並非小朋友間的爭執（比較常會有立場不同，或交代不清的模糊地帶），孩子也承認有發生這樣的事情，那我們就必須以「事實的確如老師所述」為前提來思考。

心平氣和，引導孩子說明事件經過

但我還是要建議您，將來孩子在外面不論發生任何狀況，您都應該盡量先不要緊張、動怒，避免一開始就認定孩子有犯錯，或一定是被冤枉。

心平氣和的引導孩子詳細說明事件經過，要記得孩子因為怕被責怪，難免可能會有所「粉飾」。

這個過程可以訓練孩子轉述事件的能力，並讓我們得以觀察孩子對事件的反應和想法；較為詳細的內容交代，也可以作為我們到學校進一步了解時的參考版本。

非當事人乍看此事，可能會有兩種疑惑：一是孩子熱心幫忙，不小心犯錯，卻得被處罰或道歉，是不是很可憐？會不會影響孩子未來的觀念、態度？二是這位老師會不會太計較了？不但沒有原諒孩子，連修理費也照單全收？

關於第二點，我想我們不應該對老師的要求和期待過高，因為老師也有各式各樣的人，來自不同的環境，有不同的價值觀和想法。

教職並非高薪行業，尤其對年輕老師來說，四、五千元的修理費用算不小的負擔，若能以同理心設想，老師大肚能容的話，我們心存敬意與感謝，但要是接受賠償，也不該以是非論斷。

即使老師不追究，孩子也須以合適的方式彌補

今天即使老師決定選擇原諒、不追究，孩子還是要為「造成損毀」去道歉，並嘗試以其他做得到的、合適的方式彌補，才是負責任的表現。

對兒子，可以他所喜愛又價值較高的玩具為例，讓孩子想像自己心愛的玩具被同學不小心損毀的心情，了解老師的筆電被破壞的感受，孩子就可以學到同理心。

引導孩子，分析整件事，並面對責任

熱心助人，卻犯錯或導致不好的後果，前、後其實是兩回事，應該分開來談。孩子熱心，喜歡當小幫手，的確該鼓勵、嘉許，但無論立意多麼良善，造成物品損毀或人員傷害，還是必須要面對責任。

二〇〇〇年曾發生一則「玻璃娃娃事件」，患有「成骨不全症」的少年因好心背他的同學不小心滑倒，導致這位「玻璃娃娃」喪命，就是非常值得借鏡的案例，當時也引起相當廣泛的討論。熱心助人，卻不小心害被幫助人喪命，如此嚴重的後果，到底該不該負道義及賠償責任？

您不妨上網查查這件事的來龍去脈，從不同當事人的各種角度來思考這件事。這樣，我們在面對孩子的時候，就可以清楚的讓孩子明白，助人之心絕對值得嘉許，將來有機會，也應該繼續這麼做，但我們一定要學會的是：事事都要量力而為、時時都需小心謹慎。

每一件事，都是學習的機會

人們常說要讓孩子「從錯誤中學習」，不過有些重大錯誤，其實最好一輩子都不要發生！

教養的目標，就是希望孩子從小狀況中學到經驗與智慧，避免將來犯下大錯。您的孩子這次發生的事情，就屬於可以彌補的錯誤，是最好的學習機會。雖然花了一些代價，但只要我們確認孩子有從中學到教訓，總比未來犯了不可挽回的過失好！

家．長．可．以．這．樣．做：

1 弄壞別人東西，即使不是故意的，也應該要道歉和補償。

2 在孩子對此事記憶猶新時，應該引導孩子，該如何面對這樣的事情、學得適當的應對方法，並從中記取教訓。

3 即使老師選擇原諒、不追究，父母還是要協助孩子去道歉，並嘗試彌補，才是負責任的表現。

4 父母可以用孩子所喜愛又價值較高的玩具為例，讓孩子想像玩具被同學不小心損毀的心情，以了解老師的感受，讓孩子學到同理心。

5 要讓孩子明白，助人之心值得嘉許，但也要學會，事事都要量力而為，時時都需小心謹慎。

孩子會打人？

Q

我的孩子是小學三年級的轉學生，他常常被老師寫聯絡簿，最近一次是因為踢人。

我相信自己的小孩，如果別人沒有動到他，他是不會回手的。但打人、踢人就是不對，想請您告訴我，我該怎麼做才好？

我有教過他，要先原諒對方一次或警告一兩次，但結果受傷的還都是對方。我真的很頭痛，請教我該如何是好。

A

從您的來信，看不出來孩子發生狀況的細節、次數，以及對象是否為固定的少數同學，只能簡單歸結為「孩子在校屢出狀況，因而常被寫聯絡簿，而且孩子與同學有糾紛時會動手」。

客觀找出原因，避免只聽自己孩子的說法

我建議您對每一次的事發緣由、過程，都要找老師仔細了解，最好也能聽到對方孩子，甚至其他同學的說法，而不要只從自己孩子的說詞來做判斷。您說：「我相信自己的小孩……」這樣就已經從比較自我的角度預設立場了。

並不是要把自己的孩子當成壞孩子看，認定他一定有錯，不給他申訴、澄清的機會就責罵、處罰，而是我們在教養過程中一定要記得，每個人（大人、小孩都一樣）基於避害本能，即使犯了錯，都想要規避責難，會傾向於提出對自己最有利的說法。

同時，父母內心也會希望錯不在自己的孩子，因而「樂於」接受，淡化嚴重度甚至推卸責任的說詞，結果變成親子一起找藉口逃避、粉飾太平，這樣的姑息一不留意，可能造成日後更大的問題。

這也就是為什麼社會案件發生後，我們常常會看到嫌犯家長一臉無辜的在媒體鏡頭前說：「我的孩子其實很乖、很單純，都是因為交了壞朋友！」

父母明察不包庇，孩子犯錯，就讓他自己面對懲罰，並悔過、彌補。只要能從小做起，對行為導正非常有效。

讓自己客觀最簡單的做法，就是假設這件事發生在班上另外兩位同學之間，聽過兩造，而非單方說詞之後，您會怎麼想？您認為當事人應該怎麼處理？

教孩子智取，而非動手

還有，「先原諒」或「先警告」並不是理想的應對方式，因為這樣孩子會誤以為只要有人挑釁，他就理所當然可以回擊。

對男孩子的教導，除了在危及自身安全的情況下，應該是沒有任何理由可以動手的。一般來說，小學中年級以下的孩子，很少有嚴重危害人身安全的情形。多數狀況下，孩子只需要懂得迴避就可化解。

盡量讓孩子詳述被挑釁，或被「欺負」的實際狀況，指導孩子在什麼樣的情況下，應該去找老師協助；什麼樣的情況下，要先迴避、化解；哪些情況，一笑置之。無論如何都必須智取，而不能動手，這就是ＥＱ的訓練。

學會這些技巧的孩子，通常就不會成為被霸凌或挑釁的對象。

教導孩子，對同學如何表達善意

如果研究原因可能是孩子轉學被排擠，可以提點孩子一些對同學表達善意的方法，教導孩子如何觀察、找尋對自己比較友善的朋友。因為不論任何年齡，在最短時間內，順利融入新環境的能力都很重要。

中年級以下的孩子，家長還是可以幫上一點忙，比方讓孩子邀請同學到家裡玩，或是找其他家長、孩子一起參加親子活動，協助建立人際關係。

不妨嘗試和班級愛心媽媽或家長代表聯絡，通常這些家長對班上狀況都有了解。虛心、客氣的請教，應可以得到相當有影響力的指點和幫忙。

倘若評估後，覺得不是轉學造成，發生率又相當頻繁，那問題可能比較複雜，父母必須從家庭教養和生活環境的現狀去仔細檢討。究竟是生理、健康的因素？還是教養方式上有需要改進的地方？

其實學校輔導室都有經驗豐富又有耐心的輔導老師，只要家長願意請教、求助，輔導室的老師都可以提供意見。碰到較麻煩或嚴重的情況，輔導室也可以轉介，尋求專業人士的協助。

家・長・可・以・這・樣・做：

1為釐清原因，除了自己孩子的說法，也必須聽老師及其他同學的說法。

2指導孩子在什麼樣的情況下，去找老師協助；什麼樣的情況下，要先迴避、化解；哪些情況，可以一笑置之，但無論如何就是不該動手。

3中年級以下的孩子，家長還是可以幫上一點忙，比方讓孩子邀請同學到家裡玩，或是找其他家長、孩子一起參加親子活動，協助建立人際關係。

孩子提早叛逆？

Q

我是全職媽媽，有個小四的獨子。兒子聰明、反應快，但個性十分固執及叛逆，因為沒上安親班，全由我陪讀、教導。他的成績全是我逼出來的，總能保持前五名，只是陪讀過程總是不耐煩，我們持續上演親子衝突。

兒子非常被動、沒耐心，更沒有學習動機。他坦承不喜歡讀書，更沒有任何興趣，我陸續讓他報名圍棋、烏克麗麗等課程，看看能否挖掘一些樂趣，且都事先徵詢他的同意，但他都只懂皮毛，無法再深入（圍棋學得不錯，非常可惜）。

他非常有主見，不像其他小孩安排任何事都欣然接受，他曾把不喜歡的兩千多元球鞋偷偷拿去丟掉。脾氣相當暴躁，也不怕打，經常頂嘴，在校常常上演全武行，還曾因言語行為挑釁跟同學打架（都是對方先動手）。

我感到相當無力，更擔心一旦真正到了青春叛逆期，因為不喜歡讀書，品德又不好的情況下，勢必路將完全走偏。我該如何管教呢？

A 很多用心的爸媽在小學階段認真陪讀，孩子也在父母的鞭策下得到很好的成績，但高年級以後，由於課業內容難度、廣度大幅增加，父母逐漸無法再強勢協助，從這時起，孩子本身的天分、學習動力、態度習慣和自制能力等重要性就與日俱增。

關於成長，家長要比孩子先做好心理準備

尤其國、高中後競爭更激烈，若能持續名列前茅，當然很慶幸，但有些孩子自以為聰明，把得到好成績視為理所當然，或是再怎麼努力用功，也達不到目標，這類情況下，如果無法以正確、健康的心態面對，挫折感就有可能藉由不良的學習態度，甚至日常行為宣洩出來。

家長一定要比孩子先做好心理準備，預知未來可能遇到哪些問題，才有辦法陪伴孩子面對不斷襲來的轉變與挑戰，否則一旦遇到挫折，若連家長都無法面對或

接受，孩子承受的可是來自自己和父母的雙重壓力。

關於讀書，父母最重要的課題

首先要認清，讀書就像任何才藝一樣，終究有天分的問題。除了少部分的天才，多數人都有能力的極限，並不是只要用功，就一定可以得到好成績，因此要如何讓孩子在不論成績如何的情況下，持續具備樂觀、進取的態度，才是父母最重要的課題。

還有，在課業上的全力以赴，並不是像衝刺聯考一樣天天繃緊，把時間利用到極限，以求最佳名次，而是協助孩子把生活做到最理想的分配，適度安排讀書、才藝和休閒。

只要能在讀書時間盡全力去做，所得到的就是自己的最佳成績，這樣親子才可以一起平衡、愉快的朝目標前進。

就像橡皮筋一樣，長時間的緊繃，必然導致彈性疲乏，甚至斷裂。所有的東西要保持好的「彈性」，都必須要不斷的從鬆緊間交互調節。沒耐性的孩子，尤其是男生，寫功課的時間不宜拉太長，要適度休息、調劑。

家長也要明白讀書、學習本來就不是輕鬆愉快的事，學習動機不會與生俱來，必須靠後天的薰陶和鼓勵，所以不要因為孩子沒耐心，或表示不喜歡讀書，就覺得孩子不上進、不應該而生氣。

請您把嚴格的要求與堅持，目標放在協助兒子養成好習慣與正確的觀念、態度，隨時視情況，調整對孩子課業表現的期待。

提醒自己，要肯定的是孩子的努力與認真，而不是名次分數的絕對值。

父母避免成為孩子的另一個壓力源

有了這些基本認知，還要體諒男孩子在成長過程的內在，其實是面對罣固酮急劇變化和繁重課業壓力的雙面艱苦作戰，了解孩子的反應其實很正常。家長陪讀時，自己的情緒就比較能保持穩定，不易被激怒或不耐煩，才不會時時上演親子衝突，把自己變成孩子在功課之外的另一個壓力源。

只要能對孩子的小毛躁輕鬆接招，利用機會，反覆耐心引導，孩子的專注力和穩定度很快就會改善。

獨生子的父母有時會盯得太緊，請記得不論在生活或功課上，當孩子有某些事情已經可以自己處理，就放手讓他安排。容忍小小的時間浪費或放空，不要把時間卡緊到孩子不得喘息，逼得孩子不得不造反。

讀書的目的，不是為空洞的名次

以前我對孩子的「辛苦、無聊」都會「深表贊同與同情」，因為我自己從小到大也不喜歡讀書。不過我會把回頭檢討的心得，舉實例告訴孩子，爭取好成績、讀好學校、拿好學歷，我們究竟可以有什麼樣的收穫。

還有，讀書雖然辛苦，但從爭取自己的最佳表現中，我們可以不斷開發自己的潛能。

從高年級開始，孩子就可以經由父母的開導、解說，逐步了解現實生活的利弊得失，只要他們能理解學習與努力的意義與目的不是空洞的名次，而是為了讓自己得到足以追求未來理想的能力，他們就會懂得自我要求。

即使有些男孩子的行動力和自制力跟不上理解力，他們也會認同父母的鞭策，不會誤以為讀書沒有意義，或只是為了父母的面子。

讓孩子在消化理解後，為自己做決定

從您的兒子偷偷丟鞋這件事，我猜測您在各方面對孩子的要求應該都很嚴格。父母的出發點都是為了孩子好，但一定要讓孩子有表達意見、好惡的機會。年紀越大的孩子，要給予越多的尊重。

我們可以提出善意的建議，以及盡量不著痕跡的暗示與引導，但最好能讓孩子在消化理解後，為自己做決定，不然很快的，就會聽到父母說「我都是為你好！」但孩子卻頂嘴「可是我不覺得好！」這一類的親子對話。

找出孩子喜歡的運動，不要有功利的得獎或才藝目的

您對孩子安排的才藝活動，似乎比較偏重靜態學習。很多家長希望藉由下圍棋、寫書法，讓好動的孩子學到定力，但根據我的觀察，我覺得這些活動做得出色的孩子，通常是因為本來的定力就比較好。

孩子若能在學習某樣東西時表現專注或定性，多半是因為孩子真的對那件事有興趣。您的孩子比較有活力，應該讓他找出喜歡的運動，不要有功利的得獎或才藝目的，固定安排時間去做，好宣洩充沛的體力，對穩定情緒很有幫助。

不怕打、會頂嘴的孩子，有些其實相當具有領導力和正義感，您也可以讓他參加團隊性的運動，或是童軍團的活動。藉由團體的階級規範，讓他學習服從、榮譽感和互助扶弱的精神。

至於他在學校發生的打架等狀況，不要太過嚴厲責罵孩子，或急著矯正，更不要讓孩子感受到被師長父母標籤為「品性不好」、「壞孩子」。

把握每次「犯錯」的機會，耐心的陪著孩子檢討事發的原因，重建當時的狀況與對話，解讀對方的善惡意，說明理想的化解方式，帶著孩子練習冷靜的方法，以及面對挑釁時，規避衝突的言語技巧，並一再堅決、嚴肅的強調哪些錯誤的行為絕不可取。

背書、背課文都要背好多次才記得起來，學習正確的態度與行為又何嘗不是如此？讓孩子信任您，願意與您溝通分享。從現在做起，我相信您所擔心的情形，就不會發生！

家．長．可．以．這．樣．做：

1對於孩子的成長，父母要比孩子先做好心理準備，預知未來可能遇到的問題，有辦法陪伴孩子面對，否則若連家長都無法面對，孩子承受的是來自自己和父母的雙重壓力。

2在課業上，協助孩子把生活做到最理想的分配，適度安排讀書、才藝和休閒。

3讓孩子找出自己喜歡的運動，不要有功利的得獎或才藝目的，固定時間去做，宣洩體力，也能穩定情緒。

4不妨讓孩子參加團隊性的運動，或是童軍團的活動，讓他學習服從、榮譽感和互助扶弱。

5當孩子犯錯，耐心的陪著孩子檢討原因，說明理想的化解方式，帶著孩子練習冷靜的方法，並強調哪些錯誤行為絕不可取。

如何引導英文學習？

Q

我的女兒今年要上小一了，想請教您，對於英文學習，父母該如何引導？我和我先生的英文都不太好。請問學英文，有沒有什麼比較好的方法或教材？

A

來信未說明孩子之前有沒有接觸過英文，不過我想現在的幼稚園或多或少都有初級英文的教學，所以多數孩子進入小學之前，多半已經學會英文字母和一些基本單字、會話，對英文不會全然陌生，許多孩子更是從兩三歲就開始進幼兒英語班，或全美語幼稚園學習。

目前小學學英文現況

然而正因為如此，英文卻成了小學階段最難教的科目，因為所有的孩子程度落差太大。

一般學校因課程師資安排，難能單就英文一科另做能力分班，不但嚴格考驗老師的教學能力，更難以照顧到個別孩子的吸收、學習狀況。

演變到後來，就形成一種普遍的狀況：老師會以班上前三分之二的學生平均程度來抓進度，沒有額外加強，或沒興趣的孩子就會逐漸跟不上，只好靠參加學校課後輔導補強。

選擇好口碑的英文補習班

如果您對孩子未來英文能力的表現有所期待，比較輕鬆的做法，還是找一家口碑好的英文補習班，就跟著補習班進度學，家長只要負責督促。

不過父母必須幫孩子選擇，是要去增進英語能力，但不一定跟學校課程、分數有關的美語班，還是以加強學校授課內容為主的英語補習班。兩者內容、方向與學習目標不同。

若對自己的英文能力沒信心，無法判斷，可以從親友或孩子幼稚園同學中找幾位英文能力佳的「家長前輩」，向他們請教，並參考他們的做法。

若家長想自己教孩子英文

倘若想在家裡自己輔導，就得付出相當多的時間、精力。以學校的課程和進度為主軸，督促孩子百分百的跟上進度，並勤加練習，再找坊間英文教材書籍，額外補充英文閱讀和聽力練習。

也可以去拜託親友中的「家長前輩」，直接接收對方孩子用過的教材和書籍。語文學習沒有捷徑，就是要付出大量的時間，在聽、說、讀、寫各方面都反覆練習，花的時間越多，表現越好。

雖說加強語言能力要「聽、說、讀、寫」四項並進，不過由於「讀」是「寫」的基礎，「說」要從「聽」而來，自覺英文能力不佳的家長，可以從陪伴、鼓勵閱讀下手，規畫單字累積進程，並盡量利用廣播或線上收聽，增加孩子定時聽英文的機會。

孩子肚子裡有了足夠的「墨水」，跟著學校進度，扎實打下文法基礎，等長大一點，有了自己學習的能力，只要有心，就很容易運用學校的教學資源來增進自己的說、寫能力。

跟著孩子「重溫」英文

跟著孩子一起「重溫」英文，也不失為一個好方法。如果您能讓孩子從您身上看到學習的熱忱與樂趣，更有鼓勵的作用。

我有一位朋友在國外出生長大，中文能力不佳，連聽、講都不大行，但她為了能夠輔導孩子課業，非常認真的跟著讀。當孩子小學畢業時，我很驚訝地發現她的中文變得很厲害了！

英文能力在任何年紀都很有用，最起碼出國旅行就很方便。要是您抽得出時間，不妨考慮我的建議喔！

家・長・可・以・這・樣・做：

1 比較輕鬆的做法，是找一家口碑好的英文補習班，跟著補習班進度學，家長負責督促。

2 也可以選擇在家自己輔導。以學校課程為主軸，督促孩子並勤加練習，再找坊間英文教材書籍，額外補充英文閱讀和聽力練習。

3若父母覺得自己英文能力不佳，可以從鼓勵閱讀下手，規畫單字累積進程，並利用廣播或線上收聽，增加孩子定時聽英文的機會。

4父母跟著孩子一起「重溫」英文，也不失為一個好方法！

家有磨咕大王？

Q

我是職業婦女，小學五年級的兒子從小就動作慢，每天早上都不知道在摸什麼，總是無法準時上學，常常遲到，三令五申都沒有用。

我算過，想不遲到，最晚七點半一定要出門。為了讓他有足夠的時間，我每天早上六點五十就一定把他挖起來，但他還是常常來不及把早餐吃完。有好幾次，我氣到不准他吃就拖著他出門，為此母子都不愉快。我也擔心早餐沒吃飽，對健康不好。

請問您，有沒有什麼方法可以對付這種磨咕大王？

A 看來您家裡這位大王的磨咕現象已經行之久遠，只是為什麼您還是「不知道」他到底在摸什麼？

我的猜測是，您也要趕著上班，把孩子叫起來後，自己忙著做早餐、梳洗換裝，匆匆忙忙到該出門時，一看到孩子竟然又沒準備好，氣起來就責罵、處罰。久而久之，孩子被罵皮就不當一回事了。

找出原因，對症下藥

通常孩子無法在父母期待的時間內完成該做的事（比方準時出門或寫完功課），一定找得到原因；找出原因，才有辦法對症下藥。

很多時候，父母對自己的孩子期望高，常常會認定別的孩子做得到的，我們的孩子一定也可以，其實並不盡然。

孩子常態性有無法達成的現象出現時，我們一定要保持理性，耐心的仔細觀察，看問題可能是出在哪裡。是生理上的發展落後？觀念態度的問題？還是哪個環節不順暢？

舉例來說，我的女兒從小就是可以「照書養」的孩子，她的一切發展都跟育兒書上寫的差不多，所以換副食品、上廁所訓練等等，都相當順利，但是老二兒子狀況卻很多，像是從嬰兒食品開始換吃稀飯到後來的飯菜，他常常含在嘴裡不咬不吞。餵他吃個飯，總弄得我耐心全無，兒子也老是因此挨罵。

直到孩子們上小學後，女兒小一就換牙，兒子卻三年級才掉第一顆牙，我才回想起他的長牙進程好像比女兒慢。是否當時我太早幫他換掉嬰兒食品，他的牙齒根本還無法好好咀嚼，所以含在嘴裡？原來，帶第一個孩子的「單一樣本」經驗，並不全然適用於第二、第三個孩子。

父母帶著體諒之心，先觀察

這樣的反省已經無從驗證，不過卻讓我因此常常提醒自己，當我對孩子的表現有不滿意的地方，如果我能帶著體諒之心先觀察，就可以保持耐性，一定比較容易找出癥結點，因為有些孩子可能連從何改進起都不知道。

要是父母的意見理性又有根據，又能提點孩子改善的方法，而不是只看結果不理想就斥責，孩子通常比較樂意接受。

我建議您暫停任何的批評、責罵，先安靜的觀察幾天（可能至少要一個禮拜才夠完整），確實得到結論，並整理出心得，再找兒子一起檢討，想出改善的方法，並共擬獎懲方式，然後協助孩子確切執行。

想好好面對孩子的問題，大人得先處理好自己，所以您要先排出自己比較沒有工作壓力的時段，訂定執行計畫。期間內，每天要早點睡，好提早起床，把自己先料理就緒，保持情緒穩定，才有辦法專心觀察孩子。

幽默的「媽媽顧問公司」

小學高年級的女生已經進入青春期，手法上要成熟、細膩些，但五、六年級的男孩子通常還滿孩子氣，可以用比較幽默、好玩的方式處理。

比方您可以成立「媽媽顧問公司」，送一份簡單的「企劃書」給兒子（X公司），提議協助找出該公司「營運上的困擾」。先跟X公司約定，某日起每天早上由媽媽顧問公司派員觀察，為期一週，講好早上六點五十起床，七點半即使衣服沒穿好，飯沒吃完，無論如何一定要出門，但期間顧問公司只做觀察、記錄，不干涉批評。

孩子從起床到出門，依序要做的事不外乎刷牙洗臉、上廁所、梳頭更衣、整理書包等等。您將需做事項列表後，每天就孩子的執行狀況，精確計時，並記錄有問題可以改善的地方。

其實很有可能您開始默默在一旁觀察時，卻發現孩子一點問題都沒有！當然，也有可能您會發現，孩子邊吃早餐邊看電視，或是早上才發現當天要穿制服或運動服，卻臨時找不到……等等狀況。

一週以後，您就可以跟「客戶」一起坐下來好好討論，排定理想的時間表，並針對特定問題，找出解決辦法。比方，嚴格執行在睡前把書包整理好，並確定第二天該穿什麼衣服，先找出來，放好在床邊。

還有，孩子吃飯比較慢的話，早餐就要避免比較費時的吃法（像是粥、飯配菜），選擇孩子比較容易控制時間的方式，只要注意到營養均衡就好。

好的生活習慣並非天生，而是後天養成

接下來的一週，您要做的就是協助監督、執行。可以跟您的小客戶約定，如果順利解決問題的話，媽媽顧問公司不收費，但若執行成效不彰，就得從零用金或其他方式扣取「顧問費」。

其實，好的生活習慣並非天生，而是後天養成的，需要家長付出時間與精神去

觀察、陪伴和引導。父母若能平心靜氣動動腦，要讓小學階段的孩子改變，其實並不困難喔！

家・長・可・以・這・樣・做：

1 請先暫停任何責罵，先安靜觀察幾天，確實得到結論，再找孩子一起檢討，想出改善的方法，並共擬獎懲方式，協助孩子執行。

2 面對孩子的問題，大人得先處理好自己。先排出自己比較沒有工作壓力的時段來訂定計畫，才能專心觀察孩子。

3 找出真正的原因，才有辦法對症下藥，從行為、作息上做有效的修正。

女兒有公主病嗎？

Q

女兒今年要升小六。她在幼兒期曾患重病，因此家人極度呵護，之前除抵抗力較弱之外，並無情緒方面的問題，但高年級時卻開始出現情緒困擾，比如老師口氣稍重、考試不理想，或補習班人數增加……都讓她焦慮、害怕而恐懼上學。這一年就這樣時好時壞，除了補習班，我妥協，讓她不上之外，學校我一律強求，一定要去。

現在放暑假，我幫她報名安親班，希望她能多適應新環境，但才半天就躲在廁所哭個不停，不願進教室，要找媽媽。去年曾接受心理輔導，她跟心理師聊天都很正常，但只要在我面前，情緒就變樣。她習慣別人重視她、喜歡她，這是公主病嗎？雖然先生不滿我為何要勉強她，但我不想再事事順著她，問題是看她害怕、焦慮，又心有不忍，該怎麼辦呢？

A 所有的孩子，都需要適度的壓力與磨練，才有辦法順利的成長、獨立，即使是生病的孩子也是一樣。

以愛為名，過度的忍讓、呵護，反而容易使得孩子無法面對挫折與應對變化。

尋求專家協助

您女兒的狀況，有特教老師看過後認為，主要應該是課業壓力造成，加上高年級以後的同儕互動，包容性會降低，一遇到困難，就立刻回頭尋求父母庇護。由於她已進入青春期，也已開始有比較激烈的情緒反應，在處理方法的拿捏上難度比較高，建議您還是要找專家協助。

從學校的輔導室著手，也可以打北市教大和國北教大的特教諮詢專線，或各縣市分區特教中心的專線。這些單位處理過的個案經驗豐富，應該可以提供您確切的參考資訊。

與先生溝通，讓彼此教養一致

請您不要焦急，多方收集資訊，以您的家庭和孩子狀況來整理出方向，讓先生了解這幾年非常關鍵，年紀越大，問題會更複雜，處理難度也會增加。若希望孩子成年後能真正的獨立、快樂，就不該一味的順從、包容，好好討論應該採取什麼樣的方式應對，相互支援、打氣。

還好對母親來說，女兒比較容易接近、談心，不妨多花點時間跟孩子聊，了解孩子每次行為背後，真正的擔憂點在哪裡，可以給予言談上的分析、建議、引導，但盡量鼓勵孩子在行為上自行解決問題。

倚賴心強的孩子習慣被照顧、呵護，永遠在眾人視線的中心，腦子裡想的只有自己。或許可以考慮帶孩子去當義工，在不影響健康的安排下，從比較簡單的關懷弱勢，或其他生病的孩童開始，學習付出。若能懂得照顧別人與分享，內心自然就會堅強。

家．長．可．以．這．樣．做：

1所有的孩子，都需要適度的壓力與磨練，才有辦法順利的成長、獨立，即使是生病的孩子也是一樣。

2多花點時間跟孩子聊，並給予言談上的分析、建議、引導，但盡量鼓勵孩子在行為上自行解決問題。

3若孩子習慣被照顧、呵護，不妨帶孩子去當義工。若能懂得照顧別人與分享，內心自然就會堅強。

Part 3

國高中

（如鞭炮般，一點火星就可能引發連環爆）

孩子開始「轉大人」，跟父母的互動相處方式自然會產生變化，但親子間會有嚴重的衝突產生，卻常常是因為家長本身沒有做好心理準備。這個年紀的孩子開始要學習獨立，因此會想要自我做主，在傳統父母的眼中就成了「叛逆」；他們也會藉由同儕的認同與外界建立關係，有些家長就會解讀為「只在乎朋友」和「跟著別人起舞」。

同時間，外表生理的急劇變化、體內賀爾蒙暴衝，再加上繁重的課業壓力，內外失衡的青春期孩子簡直就像一串鞭炮，只要有一點火星就可能引發連環爆。不過，即使像鞭炮這麼危險的物品，只要放對地方、謹慎妥善的處理對待，就不會有問題。

這個年紀的孩子多半對「沒有好理由」的命令或限制難以服氣，對未來也很迷惘，如果父母能理解這些，就會自己先做好情緒管理和充分的準備。

只要採取適切的應對技巧，給孩子真正需要的引導，跟孩子一起輕鬆愉快的度過青春期，實非難事。

用功讀書，成績卻沒起色？

Q

小女目前就讀中學，她幾乎天天凌晨才睡覺，也很有心想要讀書，但是每次的成績總是不盡理想。

小女是好勝心強，也很有夢想的女孩。她不解讀書方式而三番兩次掉淚，為人母親的我也十分懊惱。聽聞令嬡錄取美國七大名校，希望您能提供小女一些建議，好讓她能夠找出屬於自己獨一無二的讀書方式。

A

孩子用功乖巧，在學業上努力付出卻得不到回饋，真的讓人很心疼！

從外人的角度來看，比起有些懶散、無目標，甚至態度頑劣的孩子，您的女兒其實是在一種相當好的狀態下，加上女孩子比較成熟、懂事，您需要做的只是協助她持續好的學習精神，同時建立健康、正向的觀念、態度。

讀書是一種「才藝」

我常建議一些父母，可以嘗試帶著孩子把「讀書」這件事看成一種「才藝」——有些人天生就有好歌喉，有些人生來腿長，跑得快，也有人就是很會讀書。就好比當我們學唱歌時，多數人都可以承認自己有或沒有天分這件事，能夠理解並不是光靠努力就必然有好表現，但當面對學業，不少家長卻認定孩子成績不好，一定是因為不用功或方法不對。

其實，在課業上的競爭，面對聰明絕頂的人，我們「凡人」是怎樣也念不贏的，這也就是為什麼，我們常耳聞在世界級名校，會有一些孩子因課業表現不如自我期待而自殺的情形。

然而，沒有足夠的天分，並不表示我們不能成為那個行業成功的人。比方說，喜歡藝術但無法成為畫家，我們還是可以經由學習和努力，進入藝術史、畫廊、美術館和設計等相關行業。

讓孩子了解「人上有人」的事實

如果沒有健康的態度，沒有認清人上有人的事實，越是從小表現好的孩子，越無法面對挫折。到國中階段，需要開始利用日常生活的對話和機會教育，讓孩子觀察和了解以下兩點：

一、因天分、機運不同，人生很多事是生來不公平的，但若事不如願，怨天尤人一點幫助也沒有。成功除了靠天生的條件，加上後天的努力，更需要「運氣」。世界上沒有完美的人，也不會有天生一無是處的人，我們要學習認清自己、接受現實，然後好好善用優勢並改進缺點。

我們無從得知上天給了我們什麼樣的運氣，但成功的機會只給準備好的人，所以我們所有的努力，都是為了把自己準備好，當天上掉好運下來的那一刻，我們才有能力去接住它。

二、社會上成功的人不見得書一定讀得很好，或擁有好學歷，為什麼？因為機運之外，進入社會工作，需要更多不同的能力，包括適合的個性、創意、執行力、領導力與人際關係能力……等等，所以即使學業成績在努力過後不如預期，並不需要太過擔憂，因為讀書只是人生的一個階段。

人生沒有白做的工

人生的路很廣，我們可以有不同的方向與規畫。但這並不表示讀書無用，因為在學校學習的過程，培養我們一些進入社會的基本能力，所有的考試與挫折，都是磨練我們，讓我們從中學習的機會。

假如我們天生某些能力不如人，我們還是要勉力學習，因為人生沒有白做的工，所有的學習與付出，即使在期待的當下沒有收穫，終將有一天會以某種形式回饋到我們身上。

上述的兩個基本觀念，父母本身若能想清楚、不焦慮，就很容易在適當的時機給孩子適切的引導，對孩子會是很好的安定和支持力量。

有些父母一心鼓勵孩子追求好成績，親子都有錯誤的期待，無形中會造成孩子太大的壓力。不少父母都以「為孩子好」而有很多未經深思的要求與安排，但其實人生很多事是計畫和強求不來的。

當然，過度放任、不在意也不好，所以親子之間，跟夫妻相處有如跳交際舞一樣，何時該拉，何時該推，進退拿捏很重要。

除了上述觀念的建立，實務面我有幾點建議。

解決問題的能力，比得高分更重要

到國中以上，其實各科目的學習方法是不一樣的。您對孩子的情況有基本了解，看她是時間利用效率不彰，還是特定科目有困擾。坊間有不少關於學習方法的書，不妨抽空到書店找找，有沒有合適的書籍作為參考。

另外，多鼓勵她請教老師或同學，因為這些了解她狀況，以及身在相同學習環境中的人，可以給她最有用的建議和協助。

對於用功乖巧，但找不到方法的孩子，好的家教老師可以發揮相當大的作用。如果家庭經濟狀況允許，不妨好好找個觀念、態度皆優的大學生或研究生當家教，不要以考試、分數為目標，而是協助引導「如何解決問題」和「調整讀書方式」，孩子也可以學到很多。

最重要的，希望您能讓孩子明白，如果沒有健康，再大的成功都沒有意義。所有的時間規畫都必須以足夠的睡眠為優先，若自覺已經很有效率的運用時間，那就要接受自己能力所及能得到什麼樣的成績，依此調整下一步驟的計畫與目標，而不是犧牲睡眠。

您的孩子已經具備認真學習的態度，她只要繼續努力，培養實力，讓自己成為一個面對壓力、挫折，仍能樂觀進取、身心健康的人，她就會成為社會上最需要的人才！

家・長・可・以・這・樣・做：

1父母必須先理解，不是所有的孩子努力讀書，就都能得到好成績。

2參考有關學習方法的書、鼓勵孩子請教老師或同學，或請家教老師，都是不錯的選擇。

3如果沒有健康，再大的成功都沒有意義。孩子的課業規畫必須以足夠的睡眠為優先。

如何正確讚美孩子？

Q

有一天，我念國中的兒子從數學家教班回來時，很高興的對我說：「媽媽，今天師母發現只有我很認真地把老師改的地方全部都仔細訂正過來，所以大大稱讚了我呢！」看到原本不喜歡數學的孩子這麼開心，更因此對數學越來越有興趣，我心裡十分欣慰自己選對了家教班，但另一方面，也感受到，讚美真是最好的鼓舞力量。我自認不是嚴厲的母親，但卻覺得自己一向口拙。

請問您，我平時該如何讚美孩子，才能讓孩子發揮最大的潛力？

A

讚美力量大，一點也沒錯。在激發潛能的各種方法中，「讚美」絕對比「鞭策」來得容易接受，更不會傷感情。

不過讚美不是萬靈丹，也絕不是唯一的方法。

過度嚴苛的要求和處罰會讓孩子失去信心與興趣，但讚美過多也會喪失意義，就像糖果吃太多會變得不甜一樣，所以讚美和鞭策需要交叉運用、適度拿捏。

不要讚美孩子天生的才能或外表優勢

所有孩子在成長過程中，不論外表、言行如何變化，內心其實都渴望得到父母、師長的認同與讚美。

讚美的技巧有幾個重點，第一是不要讚美孩子天生的才能或外表優勢，因為這些特色在家庭以外的環境，很容易就可以得到別人的肯定。

做父母的自己不斷讚美，親子都容易流於自戀、自傲，忘了人外有人，天外有天，一旦碰到挫折，反而不知如何調適。

父母應該要引導孩子認識自己天生的優點，且加以善用，也要知道自己其實非常幸運，才會懂得謙虛、感恩。

讚美不能盲目

第二點是讚美要中肯、實在，不應盲目、空泛的掛在嘴邊。比方孩子沒有認真做勞作就交出，孩子若因成績不佳而埋怨、沮喪時，不該為了安慰孩子而說：「明明就做得很好啊！媽媽永遠覺得你是一百分！」或是跟著孩子罵老師：「沒眼光，不懂得欣賞。」

家長可以嘉許孩子有按時交出作業，但對於作品以及做事態度的優缺點，還是應該客觀分析，讓孩子明瞭。

讚美要明確

最重要的一點是，盡量不要讚美，甚至只獎勵「好成績」、「好表現」，最好能稱讚「努力的過程」或「好的做事態度」。您兒子的家教班師母，就是稱讚得宜的最佳範例。

通常好成績本身就是一種肯定，家長應讓孩子明白，父母欣賞的是認真、負責的態度和努力不懈的精神，而不是只在乎成績。

家・長・可・以・這・樣・做：

1不要讚美孩子天生的才能或外表優勢，以免孩子自戀、自傲。

2若孩子沒有認真交作業，父母不該還安慰孩子：「明明就做得很好啊！媽媽永遠覺得你是一百分！」

3明確讚美孩子的好表現，例如熱心幫助別人或做事負責等，而不是只讚美好成績。

如何與青春期的孩子，有良好互動？

Q

我發現兒子上國中後，對父母的講話態度越來越不耐煩，只要一催他念書，或叮嚀他少上網，他就臭臉，甚至甩門走開。

我雖然知道應該是叛逆期開始了，但每次都被惹得一肚子火，因為我只要一罵，兒子就回嘴。我忍不住想，以前那個像小天使的乖寶貝怎麼變了個人？我有時煩了，很想放手不管，但又覺得我們當父母的，怎能不善盡督促的責任？

我到底該怎麼做，才能跟青春期的孩子有良好的互動呢？

A

您的煩惱其實是大多數青少年家長的苦惱，所以當家長們聽說我的兩個孩子都沒叛逆期，也沒頂過嘴時，都覺得十分羡慕。

父母的教養盲點

其實青春期孩子與父母的互動方式，是由父母的教養態度累積而來。有些父母把尚未建立是非觀念的小小孩當大人對待，過於「尊重」放任，不給予規矩、方向。等孩子長大了，很多表現不符期待，又把青少年當成小小孩一樣規範、責罵，自然會產生衝突。

父母不是孩子的朋友！

我認為父母與子女之間就是親子關係，本來就不該以跟孩子「做朋友」為目標。良好的互動來自於認清自己的角色。父母還是要維持適度的威嚴，努力讓自己成為孩子心目中值得信任與尊重的人。

若能從小做起，巧用父母權威，引導孩子養成好的觀念與習慣，由緊到鬆，慢慢放手、尊重，孩子會覺得父母越來越好相處，溝通上就會比較容易順暢。

沒有一種單一的態度可以應付所有的情況，總之必須恩威並施。其中的拿捏就要靠父母去用心。

面對青春期的孩子，父母先調整觀念

如果沒有從小打好溝通基礎，已經進入青春期的孩子就來不及了嗎？其實任何時間都來得及，只是方法和策略要修改。

您必須調整觀念，了解孩子的成長是逐步「脫離」、「獨立」的過程，所有的教養要以這個為目標。

「那個像小天使的乖寶貝」現在長高了，也長出鬍子和喉結，所以要認清「孩子的行為、想法當然會隨年齡成長而改變」，從「不解」轉為「理解」，面對孩子時的態度、心情，就可以比較平和、穩定。

我建議對青春期孩子的溝通方式：

- 避免「無效的嘮叨」，正視問題的核心。
- 聆聽。
- 提出意見前，先表現同理心。
- 為自己所有的「批評、指教」找出好理由「包裝行銷」。

- 要有幽默感。
- 心平氣和，不要被激怒。

父母先做好情緒管理

大人應該要比孩子更能做到情緒管理，因此情緒高漲時，先避開，不要對話，以免製造孩子頂嘴和態度不良的機會。萬一被挑釁成功，反而會被不懂事的孩子「看扁」。

青少年期的孩子情緒或許暴躁或陰晴不定，但其實非常講道理，因此解決問題的方法就是必須付出時間，誠懇而用心的面對、說服他們。

家・長・可・以・這・樣・做：

1 別以對待小小孩的方式，對待青春期的孩子，例如不斷規範、責罵。

2 從小讓孩子養成好的習慣與態度，由嚴到鬆，再慢慢放手。

3 面對青春期的孩子，除了調整心態，父母所給予的建議，必須以同理心及尊重為基礎，並經過「行銷包裝」。

女兒因為感情問題蹺家？

Q

我的女兒今年國三，剛甄試上高中。她最近交了一個上大學的男友，我怕年紀那麼大的男孩子交個小女生是居心不良，所以就唸了女兒幾句，沒想到那天晚上八點，女兒因此就不爽離家了。我們焦急報警，直到凌晨四點，轄區警察才在附近便利商店找到女兒。

我心裡擔心得不得了，但又怕如果我再反對，女兒會動不動就離家出走。我究竟該如何處理？

A 在所有親子教養問題中，我覺得最棘手的就是孩子的感情問題，因為牽涉到另一個人（甚至更多），以及那個人背後由家庭、文化、觀念所交織出的各種影響因素，激盪出來的可能性，複雜而無法預期。

人不是生下來就有一定的觀念和行為模式，而是在成長過程中，因接觸到的人事物與教養方式，逐漸演變為他成年後所表現出來的樣子；但即使是成年人，一樣會在環境的影響下持續改變。

教養，必須階段性調整

沒有一個人可以絕對的預期和掌握未來，但我們必須承認在孩子成年以前，父母的確擁有相當大的影響力，只是有些父母選擇早早就把這個影響力交出。

有些父母選擇先抓緊，再隨著孩子成長，慢慢放手，有的則連孩子都已經長大成年了，還緊拉著不肯放。

每一個看似單一的事件，背後其實是多年來親子間點滴互動所累積出的結果呈現。

父母能做與該做的，應該是趁孩子還小，還願意聽自己的話時，協助孩子建立好觀念，讓孩子清楚感受到，父母的意見對自己是一種值得信賴的參考指標，而不是專權、跋扈的干涉。

隨著孩子的成長，父母也要認清孩子一路在往「獨立、自主」之路前進，家長必須階段性的調整對孩子管教與說話的方式，才不會引起反彈，逼著孩子選擇激烈的方式對抗。

提早幫孩子做好談戀愛的心理建設

關於感情問題，父母不應認為孩子自己就該知道「在某個年齡以前，用功讀書比談感情重要」，一旦事情發生了，立刻採用懷疑、指責，甚至禁止的方式，這樣做很容易激怒青春期的孩子。

父母要體諒這個年紀的孩子，其實是被迫面對生理的變化與澎湃的情緒，但大環境卻不允許他們自由揮灑。如果親子能及早共同做好心理建設，孩子在面對戀情時比較有心理準備。不用父母囉嗦，孩子就會懂得如何判斷與把持。

我曾在我的教養書中提到「預防勝於治療」這個觀念。我認為多數孩子內心是渴望符合父母期待與受到父母讚美的，但對於談戀愛，這個親子關係中最麻煩的一塊，有些父母沒有提早面對，錯失跟孩子溝通的良機。

打下談戀愛的「預防針」

比方在小學階段的「戀愛」通常不會有行為、後果的麻煩，父母可以輕鬆面對，所以不妨採取開放的態度，利用機會，依孩子該階段的理解能力，和孩子談談觀察和選擇對象的標準與方法，讓孩子在經驗過程中，不知不覺累積「識人」的能力，也讓孩子了解談戀愛不光是「享受」，需要付出，更有責任。

這一類的對話應該持續到成年，只是內容和深度會因年齡而調整，這項工作其實有點像生理健康上的「預防針」。

父母可以適時提點孩子發現和體會，從小到大「喜歡」的對象是會改變的，讓孩子對戀愛與失戀建立健康的態度，才不會有不切實際的期待，一遇到挫折就想不開。

以自身經歷、親友故事，或新聞事件當「教材」

如果做父母的年輕時也有過戀愛經驗，應該不難想像，剛進入談戀愛狀態時，理智思考能力基本上是半癱瘓的。假使之前沒協助孩子做好心理建設，對剛進入熱戀期的孩子更是不能碎碎唸或罵了。況且，您的擔憂是根據自己的社會經驗推測，但誰說對方年紀比較大，就一定居心不良呢？

「教導」要善用孩子聽得進去的時機，像是談戀愛之前，以及冷卻期，或是不同段戀愛間的「空檔」。不要光說道理，最好能以自身的經歷、身旁親朋好友的故事，甚至是新聞事件當「教材」，孩子較能具體理解我們要傳達的訊息，也能從這些實例中得到驗證。

其實現在的孩子常識很豐富，多數學校對性教育也做得相當徹底，跟我們以前的年代大不相同。以您的例子來看，如果您擔心女兒太早「被騙」，對熱戀中的女兒批評對方居心不良，效果或許還不如提醒她，若男友與未成年女孩發生性關係，對方可能要面對法律責任喔！

只要孩子一進入戀愛狀態，家長一定要先調整心情與戰略，以包容、理解的態度接納，免得立刻斷了溝通管道。

等孩子脫離熱戀期，再引導

可以試著和孩子並肩站在同一個方向，了解孩子喜歡那個人的原因，讓孩子願意給父母機會，接觸到對方、觀察對方。

假如家長觀察後覺得真的不好，只能技巧性的想辦法減少孩子與對方相處的時間，把各種規矩和限制，搭配大方向的開放一起「強迫推銷」給孩子，體貼提示自我保護的方法。

等孩子脫離熱戀期，再嘗試引導，起碼這時父母可以提出實際的例證，支持自己的論點，而不是基於「偏見」與「揣測」，勸阻才有說服力。

如果現階段在溝通上實在有困難，只能試著找出孩子信服又口才好的老師、學長，或年齡較近的前輩，出面協助開導。

父母處理的最佳時機

這一回合的親子交手，您其實是敗下陣來了，因為還不夠成熟、懂事的孩子，已經發現她有要脅和對抗父母的能力。

現在您只能耐心的沉澱、穩住腳步，回頭檢討為何會演變成這種局面，親子互動的問題在哪？自己有哪些可以改進的地方？盡量以不討好孩子、不失父母尊嚴的方式修補親子關係，同時誠實面對孩子已經開始談戀愛的事實，努力收集資訊，整理出一套可以說服孩子的觀念、邏輯和應對方法。

在一旁守護並準備好自己，靜待孩子進入冷卻期或空檔時，再趕緊抓住機會「出手」吧！因為不論是人生觀或愛情觀，您若想發揮父母的影響力，您也只剩下最後的黃金三年了。

家．長．可．以．這．樣．做：

1 孩子讀小學時，父母藉機和孩子談談選擇對象的標準與方法，讓孩子累積「識人」能力，也讓孩子了解談戀愛需要付出，更有責任。

2 當孩子戀愛，父母先去了解孩子喜歡對方的原因，並找機會觀察對方。

3 觀察後，若覺得不好，先技巧性的減少孩子與對方相處時間，也體貼提示自我保護方法。

4 請孩子信服的老師、學長及長輩等，出面開導孩子。

5 等孩子脫離熱戀期，父母再將自己的觀念、邏輯和應對方法，引導給孩子。

孩子基測成績失常？

Q

我是一位面對孩子基測成績失常而倉皇失措的媽媽。

孩子今年的基測完全失控，他考出PR23的成績。我知道孩子不是不努力，但成績差已是事實。到目前為止，還沒有登記上學校。

我最大的擔憂是這樣的成績能登記上的學校，在校風和管理上都讓我難以放心，不知道孩子在這三年會不會學壞或被帶壞……一堆傷腦筋的問題全部湧上來，我要怎麼辦？

A

誠如您所說，不論孩子考出什麼樣的成績，都已經成為事實，再不滿意，也只能接受。請您務必調適心情，冷靜面對，解決的方法自然就會跑出來。有時候危機反而是轉機，您和孩子可以因此提早規畫未來。

我覺得擔憂也不見得是壞事，因為這會讓您預見一些可能發生的問題，可以預想得更多、更周延。

比別人更早一步，為未來做準備

先就孩子過去的成績表現、性向及興趣，好好討論繼續讀高中和考大學，是否為您們心目中最適合，也是孩子最想走的路？如果是，那以孩子目前的成績，可以選的公立學校不多。

經濟狀況許可的話，不妨多方請教、查詢有無管理較嚴格的私立學校。其實有些私校為了強化招生特色，教學、管理可能比一些公立學校還嚴謹。

現在申請大學的管道多元，有時各個高中的優秀學生反而比明星學校多數學生機會大。如果孩子能下定決心好好努力，也可以在高中期間拚出好成績。

大學不是唯一選擇，職校也能出頭天

如果孩子未來對考大學沒有這麼大的興趣與意願，職業學校也是很好的方向。

台灣現在有太多的大學，每年培養出不少根本「不適任」的大學生和研究生，畢業後反而就業困難，高不成低不就。依我看，倒不如扎扎實實的學得專業知識或一技之長。

我有一位擔任教職的同學就說，有些孩子雖然考試ＰＲ值不高，但選擇餐飲科或在體育班認真學習，也能有非常亮眼的表現。職校在學期間，由於課業壓力不會像一般高中那麼大，只要有心，孩子可以進修對所學項目有幫助的外國語言，或充實更多有用的才藝、技能。

行行出狀元，不論選擇哪一種領域，進入哪一所學校，若能積極努力，自我充實，人生一樣可以很有成就。

去年我拜訪一個加州知名的酒莊，對風度翩翩的酒廠ＣＥＯ留下深刻印象。我還記得他說他的手足都很優秀，個個都是史丹佛大學的畢業生，家裡只有他「不會念書」。

後來他因為興趣，進入加州大學戴維斯分校，專攻葡萄酒學，現在的他成了樂在工作的專家，結果大家反而對他這個有品味、可以雲遊四海，享受人生的工作，最是羨慕。

家庭，是孩子不變壞的關鍵

關於您對校風的憂慮，我想孩子不論到任何環境，都有可能交到壞朋友。溫暖有愛的家庭，有向心力，父母只要願意付出時間與精神，用心找出適合的方式，關心、陪伴與引導，就有辦法拉住孩子不變壞。

我們常在電視新聞看到犯錯青少年的家長說：「我的孩子很乖，會這樣做是因為交到壞朋友！」都忍不住搖頭。其實，學不學壞要看孩子本身，而好的信念與抗拒不良影響的把持力，還是得靠家庭教育來協助建立。

家．長．可．以．這．樣．做：

1先就孩子過去的成績表現、性向及興趣，與孩子討論要繼續讀高中、考大學，或是進入職校，學得一技之長。

2若是前者，經濟情況許可的話，可以考慮管理嚴格的私立高中。

3父母只要願意付出時間與精神，用心找出適合的方式去關心、陪伴與引導孩子，就無需擔心校風不佳，會讓孩子變壞的問題。

運動、課業，哪一種重要？

Q

我有兩個兒子。老大高一，老二國二，兩個都很愛打球。老大為了籃球隊而報名現在的學校，每天都練球練到晚上九點，回家雖很累，但他很開心！老二是運動健將，舉凡學校的任何對內對外的比賽，他都有分。

兩個課業都中下，兒子的爸爸很不以為然，一直要小孩停掉運動，要他們專注課業，結果搞到親子都不快樂！我很傷腦筋，請求救援……

A

這個年紀的孩子，喜歡運動是好事！發育期足夠的運動，除了可以宣洩過多的精力，也可以幫助成長，養成健康的好體格。

我們的文化傳統太強調讀書，求取功名，忽略了運動的重要性，不像歐美，甚至日本的學校教育，都很注重運動。

若孩子沒有「讀書緣」，父母需要做的事

不過，基礎教育和課業也有其重要性。我常說，有些孩子天生欠缺「讀書緣」，意思是指這些孩子即使很努力用功，也無法有亮眼的表現，比較容易受挫，而失去興趣或信心。

對於這樣的孩子，父母親需要用心輔導，除了想辦法鼓勵孩子，保持樂觀進取的態度，同時也要費心協助孩子，找出興趣，以及培養能為自己建立信心的發光點。

從父子兩方面，分別進行溝通

您家裡有兩個運動健將，有興趣、專長，又樂在其中，真是可喜可賀！若和課業一塌糊塗、生活懶散沒目標，甚至跟父母關係惡劣的孩子相較，您兩個兒子的

狀況其實不差。

我建議您從父子兩方面，分別進行溝通。「讀書緣」強求不來，不是天天唸「該好好讀書了，不要再花這麼多時間運動！」孩子就會自動自發的讀書。您必須和爸爸一起商量，要如何激發孩子的學習意願。

請您們先用感恩之心，想想孩子的優點。以大人的經驗、觀點來思考，並考量您兩個兒子的能力與興趣，他們下階段的目標該設在哪裡，要不要以運動為專業？運動方面的表現有沒有可能為升學加分？他們的時間、作息，究竟該怎麼安排比較好？

平時多講一些孩子的貼心表現，以及孩子從運動中得到的好處，讓爸爸知道，並委婉提醒爸爸，已進入青少年期的孩子，父母碎碎唸或罵可能會引起反效果。

與青春期孩子的溝通關鍵

對青春期的小大人，尤其是男孩子，如果父母的要求，違背他們的意願和喜好，一味的禁止或約束只會引起反彈，必須給他們選擇。

這個年紀的孩子其實已經逐漸發覺，他們有能力，也有籌碼拒絕服從父母，因此溝通態度上若能表現出同理心與尊重，比較容易贏得孩子的信任並避免對立。

比較好的方式應是先聽聽孩子的想法，在談話中，為孩子做分析和引導，然後提供孩子一些做法上的建議，以及幾種兩方各退一步的妥協選項。

至於兩個兒子，您要多費心利用時間，技巧性的和他們談談好好讀書的重要性。時代不同了，許多孩子從小就具備多項能力、多才多藝，專攻一項（除非是該領域的翹楚）很難勝出，因此在當今競爭激烈的職場，跨界整合的能力早已成為「必備」條件。

運動技巧的確需要花大量的時間練習，但讀書讓我們學得各種解決問題的基本能力，學識更可以提高我們的視野和胸襟，幫助我們在技術專業上表現更好，像林書豪就是個很好的例子。

人的一生，不可能只挑自己愛做的事做

日文的讀書一詞漢字是「勉強」，我覺得非常傳神。讀書對多數人都很辛苦，所以很「勉強」，但人的一生，不可能只挑自己愛做的事做。能面對困難，勉強自己去努力克服，就是一種能力的證明。

勉勵孩子盡量兼顧，學著理解家人的期待背後代表的關愛，練習在時間上做分配。您最了解自己的孩子，相信您一定可以找到好的論點來說服孩子。不要光看

成績，只要孩子能表現誠意和努力，就要予以肯定。

幽默感、柔軟也是溝通技巧

跟大男生講道理，幽默感很重要，常能事半功倍。我曾聽別的家長說，媽媽對男生「撒嬌」也很有用。尤其當爸爸剛唸完兒子或衝突過後，媽媽一定要讓孩子體會爸爸用心、關心的地方，協助爸爸在孩子心目中建立值得敬愛的形象。

總之，溝通的技巧和方法很重要；爸爸和兒子的爭執通常都是硬碰硬，在這種時候，媽媽的柔性訴求，就會是父子間最好的溝通橋梁。

家・長・可・以・這・樣・做：

1 若孩子欠缺「讀書緣」，父母除了鼓勵孩子，也要協助孩子，找出興趣，以及培養能為自己建立信心的發光點。

2 從父子兩方面，分別進行溝通。例如平時多講孩子的貼心表現，讓爸爸知道，並提醒爸爸，青少年的孩子，父母碎碎唸會引起反效果，同時也要讓孩子體會爸爸的用心。

3聽聽孩子的想法，為孩子做分析和引導，提供孩子做法上的建議，以及幾種兩方各退一步的妥協選項，讓孩子有選擇，而非被迫服從。

4和孩子談談好好讀書的重要性。在當今競爭激烈的職場，跨界整合的能力早已成為「必備」條件。

5勉勵孩子盡量兼顧，學著理解家人的期待背後代表的關愛，也練習在時間上做分配。

青春期女兒的唐突轉變？

Q

女兒國二，由於學習力不錯，加上她不喜歡補習，所以到目前為止，只補英文一科。女兒進入青春期後，變得很有自己的想法，雖然還是會分享學校的趣事，不過不曉得是不是為得到同儕認同，她竟開始有了不禮貌的言語和行為。例如，她會說：某老師很娘、某老師多機車、某同學多白目，甚至批評起同學不能改變的外觀，言談間缺少同理心。

我曾多次提醒她不可以這樣，當下她可能聽懂了，但我認為這樣的言行，已經開始影響到她的態度。

孩子上國中後，親師互動少很多，我猜孩子也會把自己的行為隱藏得很好，所以學校的老師不曾提及她有什麼問題，一直到英文補習班老師告訴我，她上課會和旁邊同學交頭接耳說笑，而且學習的企圖心不夠。換位子、口頭告誡都做過了。

我曾多次和她談起應該有的學習態度，以及去補習的意義。她卻說老師的上課方式讓她覺得枯燥無趣，容易分心，她和同伴討論問題、說說話，才不會睡著。雖然偶爾會做其他事情，但都不影響每一次小考的成績呀！

我曾多次前往補習班旁聽，老師的教學用心、認真沒有問題。老師很希望孩子能在英文程度上多累積實力，而不是只在意每一次的小考成績，可是孩子不了解。我也向她嚴正說明，如果去補習班上課的態度都是如此，那乾脆停掉，自己念好了，但她又不願意。

我知道孩子進入國中後會想得到同儕的認同，但是當她的同伴行為不OK時，我該如何告訴她如何取捨，以免養成偏差的性格，或壞了自己的學習態度？至於英文補習，是否要因為她沒興趣、不喜歡補習而停掉，讓她自己念？

A

您所描述的困擾，其實是多數家長的共同經驗，在我看來應該都不是大問題，尤其女孩子的青春期從小學高年級就開始了，通常到初三、高一，就會比較成熟、穩定下來。

您是個用心又細心的媽媽，如果能放輕鬆點，改變一下和孩子溝通對話的方式，情況應該就會改善。

青春期孩子想要表達自我主張，並希望得到同儕的認可，常會藉由髮型、衣著或言語表現出來。

即使一般認定「很乖」的孩子，在這個階段也或多或少會有一些必要的「宣洩」。尤其是男生，更是喜歡把髒話當成發語詞、語尾詞，甚至問候語。其實只要不是惡意辱罵，也沒有觀念、行為上的偏差，應該無傷大雅。

把孩子需要改善的地方記在心裡，找適當時機再引導

我覺得現代父母必須讓孩子在家「暢所欲言」，盡量不要大驚小怪，或馬上責罵，當場用幽默或輕鬆的方式點到就好，孩子才不會被激怒，或在父母面前隱瞞言行。

把一些需要改善的地方記在心裡，用孩子的角度、立場去思考檢視可能的原因，再找適當機會，向孩子理性、客觀的說明，該如何尊重他人、學會看場合說話。

用故事和身邊實例，讓孩子學會應對

從平日非目的性的親子談話中，利用故事和身邊實例，讓孩子感受當自己成為被

攻擊或批評的對象時，會是什麼樣的心情，從中學習同理心與理想的應對方式。

語言的用法和含意會隨著時代、社會的變遷而改變，有些我們以前認為粗俗的詞彙，現在可能不會了，或者雖然還是不雅，但一般人都可以接受。

我兩個孩子國中時，我曾指正他們言談中不該用「爽」這個字，結果他們倆還聯合起來幫我上了一課！我想父母還是要適度「跟上時代」，熟悉新新人類的語彙，不要光用自己的觀點評斷。

根據我的觀察，只要親子關係和樂、家中長輩沒有無禮或講粗話的習慣（這一點影響最深遠），過了某個年齡層，成熟的大孩子就慢慢不會再把這些字眼掛在嘴邊了。

避免老師一「告狀」，就指責孩子

至於英文補習，國中以上的補習班授課內容多以提升考試成績為目標，課程難免枯燥，上課不專心的情形，其實也是多數孩子的狀況。很多孩子去補習不是為了成績，而是想跟同學在一起。

請避免老師「告狀」就指責孩子，或在未深入了解或實證的情況下，就批評她的朋友。這個年紀的孩子通常很清楚自己的哪些行為在長輩眼中不ＯＫ，也懂得是非和道理，只是還沒學會如何抗拒誘惑和拿捏自己的言行。

種種的「親子拉鋸戰」，在青春期都是會一再上演的「進行式」，請心平氣和的溝通，給孩子多幾次修正的機會。

跟孩子一起釐清補習英文的目的

您可以跟孩子一起釐清補習英文的目的，是為了應付考試？為了增進英文能力？還是因為要好的同學也去了？換性質不同的補習班有沒有幫助？

如果媽媽評估不要上，孩子卻堅持要，那孩子必須清楚陳述繼續上的理由，並提出改善態度的做法，相互約定達成與否的獎懲方式。

不過親子都要了解的是，想學好外國語言，需要大量的時間和不斷的練習，除非有高度的興趣或自我鞭策能力極佳，否則很少孩子能靠自修持續進步。通常停掉課程，與同儕的能力落差就會逐漸拉大，這一點您要有心理準備。

青春期的孩子其實很辛苦，外有課業壓力，內有荷爾蒙作亂，父母的批評、指教一定要經過「認同、理解」的態度包裝，不要只以主觀認定孩子自動就該懂事，一出口就是責罵、指正。

請記得這個年紀的孩子就像是一點就燃的鞭炮，擺對安全的地方就沒事，一旦爆發，則不可收拾，因此家長的處理技巧很重要。

父母若能理解、包容，冷靜應對，視時機再巧妙出招，就很容易引導孩子度過這段毛躁不安的非常時期。

家．長．可．以．這．樣．做：

1 現代父母必須讓孩子在家「暢所欲言」，不要大驚小怪，或馬上責罵，當場用幽默或輕鬆的方式點到就好。

2 把孩子需要改善的地方記在心裡，用孩子的角度、立場去思考檢視可能的原因。找適當機會，向孩子說明，該如何尊重他人、學會看場合說話。

3 只要親子關係和樂、家中長輩沒有講粗話的習慣。過了某個年齡層，成熟的大孩子就不會再把這些字眼掛在嘴邊了。

4 跟孩子一起釐清補習英文的目的，是為了應付考試？還是因為要好的同學也去了？換性質不同的補習班有沒有幫助？

5 如果媽媽評估不要上，孩子卻堅持要，孩子必須陳述繼續上的理由，並提出改善的做法，相互約定達成與否的獎懲方式。

我是不是誤了孩子？

Q

女兒小學高年級時的年輕女導師，不但常破口大罵全班或向孩子砸東西，還會連坐體罰。我曾委婉寫聯絡簿，沒想到老師竟當全班面辱罵小女。

我想再與老師或校方溝通，小女怕被處罰，哭求不要；我想幫她轉學，她也說不要，說朋友都在這兒。每天孩子都帶著恐懼到學校，我每天送孩子上學，心都在滴血，好像把她推入火坑。她學習狀況當然不佳，課業一路下滑。

如今孩子國中後學習態度、對人對事各方面明顯受影響。成績不佳，固執、欺騙，無法溝通，完全聽不進我意見。

我一直很自責後悔，當初應該強硬轉學，我覺得我誤了孩子……現在我能做什麼彌補？

A 孩子在求學過程中，如果遇到不適任的老師，導致身心的創傷或不良的影響，實在是令人難過又遺憾。

對於不適任老師的應對方式

小學階段的孩子，一般來說，校方對於家長到學校關心，比較不會排斥。如果父母觀察到異狀，或聽到孩子描述老師的不當言行，除了從孩子的說詞了解，也應該盡速找同學，以及其他家長進行查證。

假使發現是自己的孩子在言行、觀念上有可以改進的地方，要立即加以輔導；若覺得老師真的極度不適任，則應立即積極聯絡家長代表及其他家長，互相串連，以班級的形式，強力向學校提出改進要求，盡量不要「單挑」老師，造成自己的孩子被「做記號」。

倘若覺得事態嚴重，但其他家長卻不願支持或校方推諉卸責，就該當機立斷，立刻幫孩子轉班或轉學。

父母要讓孩子了解，老師並不是完人

不過，轉班或轉學一定就會比較好嗎？那也不一定。

一個孩子從小到大，會接觸到許許多多的老師，不可能永遠運氣那麼好，總是碰到溫柔體貼或公平、正直的老師。

在孩子求學過程中，父母要努力讓孩子了解，一種米養百種人，老師當然也有百百種，自然會有些在個人修養或情緒管理上有問題。

鼓勵孩子回家分享在校點滴，教導孩子如何觀察別人，並學會判斷事情的嚴重性。倘若事態並沒有嚴重到非要父母出面，就跟孩子好好的談，在自己的心態和言行上該如何調整、應對。這樣，孩子就會學到一些處理師長關係的重要能力與技巧，畢竟進入社會以後，上司、同事與客戶，也是百百種。

停止對自己的苛責

請您不要再責備自己，認定沒有強迫孩子轉學，就是誤了孩子。女孩子在進入高年級之後，也同時進入青春期，可能影響孩子的因素非常多。高年級課業難度增加、親近同儕的學習態度、不當網路資訊……等等，都有可能影響課業和言行。

這位老師已經是過去式，我們沒有機會再與老師對質或討回公道，再單方面認定檢討老師的過失，沒什麼幫助。

眼前的狀況是孩子無法溝通，也聽不進您的意見；我想請您記得，所有的現況都是由各種因素長期堆疊、交互影響導致，想要導正，當然不可能僅靠一席話或在一夕之間。

與青春期孩子溝通，須先贏得孩子的信任

請暫停因焦急、擔心，而過於努力想給孩子意見或「導正」，因為對青少年期以後的孩子，這樣做只會讓他們因壓迫感而跑更遠，您必須要先贏得她的信任。

請嘗試完全放掉對孩子成績、行為、表現的期待，只要孩子願意接近，就耐心的聆聽、陪伴。

親子相處的最好良藥

我有一個朋友，每晚睡前都和女兒躺在床上談心，不預設父母的角度和成見加以批評，孩子可以暢所欲言，因此母女無所不談，即使已經在青春期的孩子，做

母親的不但很容易掌握孩子的現況，孩子有困擾，也願意提出來討論。我認為，父母的時間和用心關懷，就是最好的良藥。

養成對談的習慣和建立溝通的管道，才有辦法找出真正的糾結點，予以解除；先導正孩子的觀念與言行，學習態度自然就會改善。

家．長．可．以．這．樣．做：

1 孩子在學校有異狀，若發現是自己的孩子在言行、觀念有可以改進的地方，要立即加以調整、輔導。

2 若是老師不適任，應立刻聯絡家長代表及其他家長，以班級的形式，向學校提出改進要求，盡量不要「單挑」老師，造成自己的孩子被「做記號」。

3 如果事態嚴重，但其他家長卻不願支持或校方推諉卸責，就該立刻幫孩子轉班或轉學。

4 暫停因擔心而想「導正」孩子，因為青春期的孩子，這樣做，只會讓他們因壓迫感而跑更遠，必須先贏得孩子的信任。

5 嘗試放掉對孩子成績、行為的期待，只要孩子願意接近，就耐心的聆聽、陪伴，並試著建立與孩子對談的習慣與溝通的管道。

孩子很乖，但功課不好？

Q

我有個高一的兒子，從小到大在老師的眼中，都是一個聽話但功課不好的學生。從高年級開始，功課就無法跟上，上補習班也無法補救，索性就不再讓他去。

從小放學後就是在安親班度過，雖然老師一再加強，但課業仍是沒起色。國中功課還是墊底，班導建議讓他去參加學校開立的技能班學點技能，經與兒子討論後也同意，就讓他去參加。

在這一年半的時間，減少了功課，雖然在最後的技能競賽中沒得獎，但經由學校的推薦甄試，進了一所中等的職業學校。在開學時，也跟他長談，好不容易有學校念，希望他能重新來過，但目前看起來似乎沒什麼進展，成績仍然跟以前一樣。

我這幾天跟兒子聊，他說看到書就想睡覺，心裡只想打工賺錢。站在父母的立場，總是希望能夠以課業為主，往後再想賺錢的事。

雖然把相關的事情分析給他聽，但他似乎似懂非懂，有時想說讓他去工作一段時間，去驗證想法與實際是否有差別，看是否可以讓他覺得工作不比讀書輕鬆，但總覺得不忍心，畢竟這個年紀還是該以學業為重。

我的工作在外地，一週只能回家一次。老婆也上班，每天回家都八九點了。說來慚愧，我們對他的功課確實沒盡多大的心力，但也慶幸這孩子除了功課，其他，例如在品格上是沒什麼問題。

或許念書只是一個過程，但在這個以學歷為主的社會，想必以後的路可能會走得更艱辛。也許孩子在領悟力上開竅得比較慢，但也擔心他永遠不會開竅……

我只是想了解在這樣的情形下，父母應該站在什麼樣的角色輔助孩子。是繼續鼓勵他在功課上努力？還是讓他去工作，體驗及驗證他的理論？

A

國、高中以上的男孩子，如果課業成績不理想，多數家長擔憂的都是怕孩子不學好，您的兒子品行沒問題，也貼心聽話，其實狀況還好！

不是所有的孩子都有讀書緣，職場上的行業、種類這麼多，我相信只要有心，每個人都有機會找到適合自己個性、興趣的工作，並有好的發展。

有些讀過我第一本親子書的讀者，沒有真正了解我書中分享的觀念核心，誤以為我在書中談為什麼要好好念書，建議家長怎樣鼓勵孩子努力用功，就是主張孩子一定要讀書，爭取好成績，才有前途。

教養的重點，不在孩子成績好壞

其實，我認為教養的重點不在於學業成績表現好壞，而是能否將孩子培養得積極樂觀、認真負責，也就是說，我覺得讀書和做任何事都一樣，正確的觀念和態度才是關鍵。

有些孩子讀書方面開竅慢，或許在工作一段時間以後，就會找出自己的興趣、志向。當他有了熱情和目標，碰到專業能力的瓶頸時，還是可以再回學校進修，那時年齡、心智更加成熟，學習的心情和動力就會大不相同。

有不少實務性的行業，比方餐飲業和美髮美容，越早入行磨練越好，像我認識的一些法國和日本名廚，都十幾歲就到餐廳當學徒了！

先工作、再進修，也能有好成就

我們過去的觀念認定是，入社會以後，想再好好回學校讀書不容易，最好能一鼓作氣把學位攻完。不過現在的年輕人由於平均學歷提高，進入職場的年紀普遍延後，當今的社會現象反而是，供給過剩的碩、博士必須「低就」，或甚至找不到工作。年紀越大，學歷越高，能從事的工作範圍反而變窄了。

由於現在的人也比較勇於追求夢想和轉換跑道，不少人到了三、四十歲甚至放棄高科技或高薪工作，中年改行、轉戰不需高學歷的行業。如果從這個角度來想，與其每天看到書就打瞌睡，不如先工作、找方向，若能在某些行業先「卡位」成功，或許升遷更快。覺得有需要，再實際、確切的進修，也不錯啊！

如何激發孩子的熱情，才是關鍵

工作不見得比讀書艱苦，有熱情，再辛苦的差事也會樂在其中。不久前和出版界的朋友吃飯，聽她聊起麵包冠軍吳寶春師傅曾說，當年嚴長壽先生的書如何激勵了他。

我想，孩子成績不好沒關係，現階段也不一定非要繼續讀書，比較要緊的是，如何能激發孩子在目標領域的自我期許和學習熱情。孩子需要的，或許是能撥動他心弦並引發共鳴的一個人、一席話，或一件事。

陪伴孩子，盡量多嘗試，鼓勵孩子多想

如果學校不是您的孩子最理想的學習環境，那我們就要善用社會上容易取得的

各種資源，讓孩子盡量嘗試。舉例來說，您可以幫兒子找找對他可能有啟發性又易讀的書，鼓勵他多讀、多想。

如果孩子對看書真的沒興趣，類似嚴先生這樣對年輕族群有影響力的一些社會領導者，也常有機會公開演講，您不妨找適合的主題，帶孩子一起去聽。

不論做哪種選擇或決定前，還是要盡力陪著孩子做好可能發展的前瞻和利弊分析，讓孩子開始學著自己做決定，為自己負責。

家．長．可．以．這．樣．做：

1 有些孩子讀書開竅慢，或許在工作一段時間後，就會找出自己的興趣、志向。當他有了熱情和目標，碰到瓶頸時，還是可以再回學校進修。

2 孩子不一定非要繼續讀書，比較要緊的是，激發孩子的自我期許和學習熱情。

3 如果學校不是孩子最理想的學習環境，那麼就要善用資源，讓孩子盡量嘗試。例如，可以幫兒子找些有啟發性的書，鼓勵他多讀、多想。

4 類似嚴長壽先生這樣的社會領導者，常有機會演講，不妨找適合的主題，帶孩子去聽。

女兒沉迷電腦？

Q

女兒是懶散、頑劣的高中生，沉迷電腦。雖然沒有交壞朋友，但要她離開電腦，她就會抓狂，限制她時間也沒用。除了電腦，沒有一樣東西對她有吸引力。勸阻只會破壞母女關係，於是只好讓她繼續玩，但這樣下去也不是辦法。請問我該怎麼辦？

A

孩子沉迷電腦，是現在最令家長煩惱的幾個問題之一。

父母若能從小採較嚴格的方式限制，隨孩子成熟度和自制能力增加，再逐步開放，就比較能避免失控情況發生。

如果孩子沒能從小養成對課業認真、負責的態度，以及對欲望逸樂抗拒、節制的能力，到初、高中以上才想約束，真的非常困難。

不同年齡的孩子，要用不同的對策

在孩子成年、獨立以前，為人父母對於孩子的不當行為，必須要善盡勸阻、指正的責任，不過光責罵、嘮叨是不會有效果的，一定要花時間用心觀察，思索適用於不同年齡層的對策。

其實現在電腦和網路吸引力之大，連成人都難以抵擋；低頭族和成天掛在社群網站上的，可不只有學生或小孩子。如果家長自己也有接觸，或許更能體會，連大人都難以抗拒的東西，若不預先對孩子設限並善加引導，如何能期待心智尚未成熟的孩子，自己就懂得自我約束？

找出孩子沉迷網路的原因，對症下藥

請先不要用「懶散、頑劣」來標籤孩子，這樣容易影響自己處理事情的態度與耐性。

其實「沉迷電腦」的狀況有很多種，仔細了解一下，孩子是看影片？玩線上遊戲？上特殊網站？還是流連網路社交平台？

想想孩子深陷其中，是因為逃避現實？尋求慰藉？純粹喜歡玩線上遊戲？還是人際關係有困難？造成現在狀況的可能因素，是由於父母太忙？朋友影響？課業退步？或對念書沒興趣，所以轉從電腦上得到精神寄託？還是有其他的原因？單從結果、行為上的規範、限制只會造成對立，必須層層檢視，才有可能對症下藥。

嘗試各種有機會解決問題的辦法，比方父母盡量排除雜務，多關心陪伴、找合適的課業輔導方式，或是協助改善人際關係等等，也可以利用寒暑假，讓孩子去參加訓練人際關係、技巧的營隊。

父母不妨親自去接觸、了解孩子在玩的遊戲或網站，有了基本概念和共通語言之後，藉機分享心得、關心聆聽，並表達同理心，才有辦法開啟有效的對話管道，之後再找適合的時機懇談。

規勸最好從理解和認同開始，修正對孩子的期待值，再以「尊重、不再囉嗦」或者合理的獎勵作為交換條件，讓孩子自己提出課業應達標準、每天的上線時間和作息安排，以及做不到時的懲罰辦法，全力協助孩子找出可能有興趣從事的活動。只要是能把孩子從電腦前拉開的，就盡量鼓勵孩子參與。

其實電腦已然成為當今世界的生活必需品，如今最夯的就業機會都是與電腦相關的。若能找對切入點引導孩子，鼓勵孩子學習程式設計，或其他相關技能，說不定還可以有很好的發展呢！

家．長．可．以．這．樣．做：

1 孩子使用網路，父母必須從小就採取較嚴格的方式限制，之後，再逐步開放。

2 找出孩子沉迷網路的原因，例如尋求慰藉？純粹喜歡玩線上遊戲？還是人際關係有困難？……再對症下藥。

3 父母不妨多關心陪伴、找合適的課業輔導方式、協助改善人際關係等，也可以利用寒暑假，讓孩子去參加有關人際關係的營隊。

4 讓孩子自己提出課業應達標準、每天的上線時間和作息安排，以及做不到時的懲罰辦法，讓孩子感受到自己的進步。

該不該讓兒子去國外念高中？

Q

大兒子今年考基測，成績中上，現在等登記分發，將入高中就讀。去年我先生因工作到國外赴任幾年，每半年左右都會回台看我們。我之所以沒帶孩子跟過去，一來是我在台灣有不錯的工作，二來當年追隨先生在國外帶孩子幾年後，我回台會忍痛不當全職媽媽，就因為先生曾在吵架時羞辱我是廢物。

我有考慮讓老大去爸爸那裡讀美國學校的高中，將來回台上好的國立大學，這並非難事（外派人員子女回國升學有加分），因為若留在台灣，以他的能力，將念得很辛苦。

我先生早就這樣提議，但我怕我不在身邊，忙碌的爸爸沒法照顧兒子的一切。我擔心英文能力普通的他，無法適應和勝任學校課業，我擔心內向、不擅言辭的他會無法靠自己解決問題，他心中的超人媽媽無法再提醒他生活的大小事……兒子該留在台灣好？還是出國去呢？

A 面對攸關孩子前途的抉擇，我可以了解您的憂心。之所以兩難，正因為世界上少有樣樣好的事。

一般人的印象，總認為送孩子出國讀書比較輕鬆，求學之路會比較順遂，結果一定是如此嗎？其實不盡然。

到國外讀書的優、缺點

國外環境在課業壓力上或許比留在台灣輕鬆，但孩子出門在外，語言能力和文化經驗不足，無人支持、引導的情況下，獨自面對課業困難、生活困擾，甚至霸凌，或許能在很短的時間成熟、獨立，卻也有可能學到同儕的壞行為、習慣，比方生活不正常、泡夜店、跑趴，或是濫用藥物。

此外，尚未定形的孩子在觀念上，像是金錢觀、婚姻觀等，也會受到國外價值觀的影響。眼前這個自己用心拉拔的貼心男孩，幾年後回來，態度、想法可能變得完全不一樣，這些都是必須有心理準備的。

當然，不少孩子從國外教育環境中得到信心與鼓舞，在後續的學業上有比較好的表現，能順利熬過來的孩子，通常顯得獨立而有自信，英語能力強，且較具備國際觀和海外生活的能力。

但問題是將來的事，沒有人知道會如何發展。三年後，孩子是否就能順利依計畫返國升學，也可能有變數。

教養，是為放手做準備

從來信中可以感受到，您的先生不是您信任和商量的對象，到目前為止，您也對孩子能在您的身邊成長感到欣慰。不過無論如何，孩子獨立是遲早的事，您不可能永遠做超人媽媽，總有一天要放手。

您得想清楚的是，您和孩子有沒有或能不能做好心理準備，您們彼此都相互放心、信任，願意在這個時間點放手一搏？還是覺得需要再兩三年，來過渡這個走向獨立的過程？

不妨找您信任或有類似經驗的親友商量，把各種得失利弊條列下來。您自己先想清楚，您最在意的是什麼。是孩子的學歷？他成年後，表現出來的能力與形象？還是盡量延長孩子獨立前共同生活的時光？

坦誠地與孩子共同討論

一個十五歲的男孩，該是開始參與自己的人生計畫，練習獨立思考，學習為自己負責的年紀了。

坦誠的跟孩子一起坐下來，好好商量——在想像過各種可能的發展狀況，以及可能遇到的挫折、困難後，他比較希望走哪條路。

人生不論做哪種選擇，都要努力付出，才會成功。

想出國，就要在最短的時間內衝刺語言能力，您們親子之間也該研究好，定期溝通、聯絡及互相支持、打氣的方式；留在台灣，進入同儕程度相近的環境就讀，約束好自己，認真拚，也可以有好成績。兩條路各有困難，但只要孩子有心，都不難解決。

我只希望您和孩子都要記得：好的結果往往來自於過程中的用心與付出，而不是由於起始點的選擇對不對。

人生有很多事情不能重來，只要做了選擇，就要相信自己選的是最好的路。接下來的每一個當下，都需要全力以赴！

家·長·可·以·這·樣·做：

1 送孩子出國讀書，不盡然是輕鬆、順遂，其中的優缺利弊，父母需要與孩子一起溝通、討論。

2 父母可以找自己信任，或有類似經驗的親友商量，把各種得失利弊條列下來。但父母自己先得想清楚，最在意的是什麼。是孩子的學歷？還是在孩子獨立前共同生活的時光？

3 起始點的選擇當然重要，但更重要的是，選擇之後，過程中的付出與努力。

孩子是同性戀？

Q

我的女兒功課優異，而且是學校裡的籃球隊隊長，但最近我發現有一位學姊頻頻來找我女兒。我覺得不對勁，問了女兒，女兒竟然對我說，她和學姊是真心相愛的，如果我一直反對，她就要離開家。這件事讓我非常憂慮，假使我的女兒真的是同志，我該怎麼辦？

A

感情困擾是親子教養問題中最難處理的一項。在青春期以前，父母可以灌輸孩子觀念，強勢引導孩子的行為，但到了青春期以後，孩子的自我主張會隨著「轉大人」、追求獨立而表現出來，這時做父母的在想法、做法上就得調整，必須開始尊重孩子並不隸屬於自己，而是要成為一個獨立自主的個體了。

關於性別、自我、情感和人生，青春期是孩子的摸索期和成長過渡階段，未來的發展，還是會有很多的變化與可能性。

如果孩子在純男校或女校就讀，有可能因為環境的關係，長時間的相處而將情感投射、寄託的對象放在同學身上，但從根底上並沒有性別認同的問題，或許離開國、高中階段，到比較開闊的環境，她的想法與行為就自然改變了。

讓孩子放下心防，父母才可能協助

關於您女兒目前的狀況，尤其在她已經表達了這麼強烈的心意之後，擔憂、阻撓並沒有太大的幫助。我建議先冷處理，或以體諒的態度包容，以免逼得女兒採取決絕的方式回應。

一定要讓孩子知道父母是最值得信任的倚靠，這樣孩子遇到困難與問題時，才會找父母傾訴與商量。先得讓孩子願意放下心防與對立姿態，家長才有機會疏導、勸說。

有些事情有絕對的是非黑白，像賭博、吸毒、犯罪等，做家長的當然要確盡糾正、禁止的責任，但「喜歡」或「愛」是強迫不來的。以前的社會壓力讓許多同志隱忍，甚至配合父母的期待結婚生子，結果造成更多人、更大的痛苦與傷害。
人生的路，孩子自己要走，人生的滋味要靠他自己去品嘗、體會，不是父母說了就算。做父母的不必硬裝開明去接受，或鼓勵同性戀的行為，但必須學習尊重。

大多數父母對孩子真正的期望

我常對一些焦慮的家長說，想想一些因病倒下的孩子，想想一些為感情問題自我傷害的孩子，有的失去健康，有的失去性命。如果身為這樣的家長，我們一定會覺得，許多原本我們在意的問題，包括課業表現，包括感情對象，相較之下，一點也不重要了。把諸多捆綁著我們心智、思考的表面束縛拿開，多數家長對孩子真正的期望，不過是健康、快樂。
現在台灣的孩子真的很幸福，因為比起世界上許多地方，台灣社會其實非常的多元化，包容性非常強。

親子一起找出彼此都能接受的做法

您若能先穩住自己，以支持孩子的角度陪伴她面對，找適當的時機協助她分析、看清，她若選擇非主流的道路，將來可能會面對的問題與困難，並提醒她年紀還輕，不要早早就對自己的將來認定與設限。

您同時也要讓孩子了解，尊重是互相的，如果父母尊重她的喜好與決定，她也必須懂得尊重父母的想法與感受，親子再一起找出雙方可以接受的做法。

一個聰明又表現如此優異的女孩，您若能好好的動之以情、說之以理，她一定能夠接受，也會聽得進去。

家・長・可・以・這・樣・做：

1 讓孩子放下心防與對立姿態，父母才有機會疏導、勸說。

2 父母穩住自己的情緒，以支持孩子的角度，陪伴孩子面對。並找適當時機，協助孩子分析、看清。

3 提醒孩子，將來可能面對的問題與困難，以及年紀還輕，不需早早認定自己的將來。

4 讓孩子了解，尊重是互相的，如果父母尊重她的決定，她也必須懂得尊重父母的感受，親子一起找出雙方可以接受的做法。

如何消弭兄弟仇恨？

Q

我有兩個兒子，一個高一，一個高三，五年前他們因為吵架，至今都不講話。在這五年中，因為兄弟都處青春期，無意間會用一些不堪的言語傷害對方，導致彼此仇恨日益加深。期間我試過許多方法，但兄弟之間誰都不肯退讓。請問要如何才能消弭兄弟之間的仇恨，擁有一個健全的家庭？

A

多數家庭，手足之間都是在吵吵鬧鬧中長大，兄弟間甚至有可能是打打鬧鬧中長大，但大部分時間應該會是和好、玩在一起的。五年前，您的大兒子不過國中，老二才小學，很難想像當時是為了什麼樣的事，竟可以翻臉至今。

您的來信非常簡短，沒有詳述事由，和這些年孩子們如何以言語互相傷害的細節。但若這五年，一家人同在一個屋簷下朝夕相處，竟然無法經由長輩調解、冰釋，反而仇恨日深，想必處理起來不是那麼簡單，家庭氣氛或家人之間可能還有其他更深層的問題需要解決。

我建議您找專業協助，如果實在不知道從何找起，可以先從學校輔導室老師請教，再請老師轉介相關機構，尋求協助。

旁敲側擊，了解孩子之間的癥結點

如果問我個人會怎麼做，我想我會從跟兩個孩子分別的談話做起。找機會多聊，不要直搗重點，也不要急著達到和好的目的，而是從比較包圍式的旁敲側擊，慢慢了解孩子間誤會的癥結點到底在哪裡，以及互相之間有沒有和解的意願。

孔融讓梨的故事已不合時宜，現代的男孩間不能只講退讓，他們需要公平，又能讓他們信服的道理。

每個孩子都有自己的個性，有的比較直和衝，有的或許比較能深入談話，看能否從其中一個先擊破心防，用自己的經驗或身邊親友兄弟姊妹互相扶持的實際故事，讓孩子明白手足和樂的好處，再共商改善現況的方法。

做孩子之間溝通的橋梁

您也可以利用機會做兩人的橋梁，就像有些男孩子懂得在媽媽和太太間不要傳怨言，盡量兩面幫忙做好人、說好話，對婆媳關係就是很大的加分。

比較可惜的是，孩子已經上高中，自我意識可能更強，功課也比較忙，難度或許很高。不過只要您有心，孩子還在身邊，就有改善的可能。

溝通能力並非與生俱來，每個人都需要學習

您若願意花時間慢慢去做，即使最後仍無法解開兩個孩子間的心結，您這方面的關心與談話，對他們離開家庭，進入社會後與人相處的能力，應該還是會有幫助。

畢竟若連家人都處不來，將來如何跟同事，以及未來的女朋友或太太相處。良好的人際關係、溝通能力，像同理心、幽默感、溫暖的言語、認錯的能力與道歉

的技巧等等，並非與生俱來，都需要學習。

對結果放輕得失心

兄弟現在能相處融洽，未來可以相互扶持，當然最好，不過期待兄弟團結合作，常常是從父母角度的期望。其實多數家庭的孩子，成年後的生活也必須分道揚鑣，各組家庭。

有富商朋友的父親，生前堅持兄弟團結，不得分家，但兄弟間總是吵吵鬧鬧，衝突不斷。幾年前爸爸走了，大家把公司和財產分清楚，相處反而和樂。

如果您已盡力，就請盡量對結果放輕得失心。或許過一段時間，他們都更成熟，情況就會慢慢好轉了！

家・長・可・以・這・樣・做：

1從跟兩個孩子分別的談話開始。找機會多聊，也不要急著和好。慢慢了解孩子間誤會的癥結點在哪裡，以及有沒有和解的意願。

2談話時，看能否從其中一個先擊破心防，用自己的經驗或身邊親友互相扶持的故事，讓孩子明白手足和樂的好處，再共商改善現況的方法。即使最後無法解開孩子間的心結，對孩子來說，還是有益的。因為良好的人際關係、溝通能力等，並非與生俱來，都需要學習。

3 如果盡力了，就請盡量對結果放輕得失心。或許過一段時間，他們都更成熟，情況就會好轉！

Part 4

大學～成人

（如火車般充滿動能，硬去阻擋或衝撞並不明智）

當孩子成年，必須自己負起法律責任時，也意味著他其實有能力（不管在父母眼中足不足），也有權利為自己做決定了。在養育的過程中，我們可以努力讓孩子跟我們的觀念態度盡量契合，不過沒有人可以確保已發展為獨立個體的孩子，跟父母的行為想法能一致。

父母對這樣的發展要理解尊重，但更要讓孩子明白，在此同時，父母對孩子的責任義務也不再無限延期和無限上綱。這個階段必須盡早完成的終極目標，應該是讓孩子確實的學會為自己負責。

高中畢業以後的孩子，就好比是充滿動能的火車，硬去阻擋或衝撞行進中的火車並不明智，因此平交道前的「停看聽」，就是面對成年孩子問題最理想的方法。

父母要先冷靜下來，仔細觀察問題癥結在哪裡，聆聽孩子的心聲，才有辦法找出對策。了解火車的路線方向與時刻表並耐心等待，因為唯有火車進站停靠時，我們才有機會進入火車的內部。

兒子大學無法畢業，怎麼辦？

Q

梁老師，您好。經常在「聯合報」看到您為父母們解惑，每次都給我很多收穫。我的兒子大四。孩子自小成績優異懂事聽話，別家孩子會出現的問題，我家都沒有，常常換來別的家長欣羨的目光。

在教養上，我們花了很多工夫。跟全天下的父母一樣，希望孩子將來升學一路順暢，高中大學研究所，甚至出國留學……然後，謀得好工作。

然而，事與願違。兒子邊玩邊念，自第一志願高中畢業之後，甄試上南部一所大學，從此，猶如放出籠的鳥，每學期成績單寄來，都讓我們傻眼。多則四科，少則兩科被當，光是微積分，就修了三次還沒過。大四上最離譜，幾近三二被退學的邊緣。有如被五雷轟頂的我們，實在感到慌亂茫然，不知該如何做，才能幫助這個孩子。

我們不是虎爸虎媽，總是安慰、鼓勵、支持，他也答應我們會好好努力。但是，這樣的成績實在太離譜，說明他並沒有改善自己的學習態度，總是隨便馬虎，我們甚至懷疑，他有沒有去上課、去考試！

延畢其實不是多嚴重的問題，我們最憂心的，是他漫不經心的態度。雖然，在親友眼中，他聰明、帥氣、有禮貌；在家，他也算懂事貼心。然而，我們父母心中的憂慮真的是與日俱增，生活變得很不開心……

假如，他沒有徹底覺悟，沒有改善學習的態度，那麼，即使延畢也不見得能修完所有學分。到時，念了那麼多年書，結果，換得「大學肄業」，這如何是好？讓人真替他的未來擔心哪！

A

對能上第一志願高中的兒子，父母必然懷抱高期望，但多數父母終究會從現實經驗中學習到，在求學之路上，只有非常少數的孩子能過關斬將，一路順暢。大部分的孩子在某些時間點，總會遭遇各式各樣的瓶頸或關卡。

當我們把人生拉長來看，我們的人生路其實是起起伏伏，但當下的不順遂絕不表示一生注定失敗，很多時候，反而因此讓我們看清一些問題，有機會及早調整。

做父母的，可以對孩子有期待，也應當鼓勵孩子勉力以赴，但我們一定要比孩子更清楚世間事不會都照著我們的期待走。「盡人事、聽天命」，就是最好的人生態度。您若希望孩子能有這樣的態度，您自己就要先做到。

父母應該擺脫「學歷」束縛

昨天剛好在報上看到一篇文章，作者到泰北走訪事業有成的堂兄，堂兄學歷不高，卻練就一身做事的好本領。他反觀自己，從小在家族眾多孩子中最會唸書，是家族的榮耀，但一生作育英才，如今事業、存款跟多數堂兄弟沒得比，所以人生的輸贏，究竟該怎麼說？

華人的觀念都被傳統的「科舉制度」束縛，過去的經驗也告訴我們，好學歷是求取功名的必要條件，但近來關於大學畢業低薪資，以及碩博士就業困難的報導不斷，逐漸的，人們對於「學歷」這件事的觀念就會修正了。

如果一個孩子乖乖的念完大學，找不到理想的工作，父母也不願孩子低就，親子只好「決定」繼續深造，年近三十，博士學位才到手，卻發現就職更加困難。這時父母該怎麼想呢？這樣是成功？還是失敗？或許盡早進職場磨練，後續的路反而比較寬廣、選擇較多？

錯誤的觀念和錯誤的政策造成學位氾濫，在這個「學卻難以致用」的社會環境，您說的一點都沒錯，讀書、學歷，都遠不如態度和學習心重要。

這是史無前例的劇變時代，大環境的變遷不但讓現實職場上工作的性質、內容不斷轉變，職位與員工數量需求也日減，並非努力就一定有收穫，還得賭對方向，對家長和孩子都很折磨。

社會上我們覺得有成就的人，並非各個成功之前都一帆風順，但我相信他們除了機運，在遇到困難或失敗時，必然多能夠面對問題、學到經驗並記取教訓，最後成功解決問題或另闢蹊徑。

讓孩子為自己負起責任

然而，過去的孩子知道的少，懂得想的更少，多數人都傻傻的跟著社會的價值觀和大方向走，但現在的孩子不同了。

網路已經徹底瓦解過去由上到下的資訊管道，而成長於優渥環境的這一代孩子，從資訊爆炸的環境中知道太多，因此「我是為你好」、「有好學歷才有好工作」這類空洞的大道理已經無法說服他們。他們積極的態度必須建立於自我的需求與認同，他們的動力必須來自於他們相信所做的一切，能為自己帶來快樂。

現代東方父母已經懂得不再冀望越來越「自私」的孩子反哺，但卻忘了把西方父母那一套學起來，那就是早早就該讓孩子為自己負起責任來。一個博士去扛沙包，爭取郵務士的工作並不可悲，這樣的孩子，起碼有面對現實的勇氣；父母不該陪著孩子勾勒不切實際的理想，更不該不讓孩子吃點苦頭，就回家啃老。

放開做父母的虛榮心與得失心，教會他「為自己著急」

所以，總是安慰、鼓勵、支持，不見得是正確的做法。您們要做的不是幫他著急或幫他解決問題，而是徹底放開做父母的虛榮心與得失心，退開幾步，教會他「為自己著急」。

念了五年，卻落得「大學肄業」？理性的告訴他，學歷是他的，我們做父母的沒關係，那是他自己的選擇，將來找不找得到工作，有沒有飯吃，可能會遇到哪些問題，他要自己負責，父母不會養他一輩子。

還要讓他知道，很多人到中老年才後悔沒有好學歷，眼前只要咬牙再拚個半年一年，起碼換個人生籌碼回來，也不枉費過去的四年光陰。這件事父母清楚提醒過了，現在不在意是他自己的選擇，但將來萬一後悔了，人生卻不再有同樣機會或四年，那種心情就得自己吞下去，怪不了別人。

其實，如果請十位媽媽來讀您這封信，我相信在看到「聰明、帥氣、有禮貌、懂事貼心」這樣的描述後，至少有八位媽媽會覺得您這個兒子好「夢幻」！能養出個性這麼棒的大男生真不容易，因為真正最教父母傷心、頭痛的，是態度惡劣、行為乖張的孩子。因此，我想請您們夫妻先互相打氣，其實您家老大還是具備了很多令人羨慕的特質。

我覺得，人生不在每一次競賽的輸贏，不是常常結算得到多少功名利祿，而是希望我們所做的，能讓自己將來回頭看時，對自己感到滿意，覺得一輩子不枉此行。

至於滿不滿意或成不成功，人生的一切都是比較級……當我們看到有孩子身體殘缺或遭遇事故，我們就會慶幸我們的孩子身體健康，平安長大！所以每當我們覺得孩子表現不盡理想時，一定要提醒自己，眼前的狀況，並非絕望的谷底，想想自己真正最在意的，不過是孩子的健康與快樂。

先面對現實、降低期待，我們才有辦法拋開焦慮，平心靜氣的思考如何協助孩子。

鼓勵孩子說出自己的想法，而非一味要他「好好努力」

有機會和孩子談的時候，不要急著叫他努力。請先靜下心來，鼓勵孩子說自己的想法，究竟是沒興趣？學習有困難？人生沒方向？有其他想要真心追尋的理想？還是有其他原因？認真、仔細的聽，並予以尊重，然後請他自己提出解決問題的方案。

請不要著急，因為即使大學沒畢業，兒子只是接下來那段路可能會走得「坎坷」一點，但天不會因此塌下來。大四的年紀早就是成年人了，他應該為自己負責，您們也應該把他當個獨立的成人看待。

您們要做的是，就您們對他的了解，先研究、討論造成這些情況可能的原因，看有沒有辦法對他提出他真正在意的見解與解決辦法，然後推演萬一他真的無法畢業，他將會面臨的各種問題，以及可以有的後續選項。

先盡量討論和想清楚，您們找他談的時候，就不會只一味要他「好好努力」，而是能夠提供實際、有說服力的分析和建議。

孩子自己必須面對、解決

比方，在成績補救方法上，就應該提點孩子一些「大人」的方法。舉例來說，大學的考試成績並不這麼「絕對」，教授其實掌握了相當大的給分權，如果學習上真有困難，就應積極、虛心的向老師或學長求教，這也是解決問題的能力和人際關係能力的訓練。

如果「隨性」真的是他天生的個性，您們要做的，不是焦急的叫他一定要完成學業，而是好好的針對他不同狀況可能有的後續發展做分析、提點，更要讓他明白，供給他讀書，父母已經善盡職責，但要不要學位是他自己的選擇。

從現在起，他必須為自己的前途負全部的責任，因為面對人生的岔路，就是一次又一次的抉擇。

您們已經很認真努力的把孩子培養到這麼大，孩子離開家以後的發展，很多是因為他的機運和造化，如果發展不理想，不是您們的錯，更不再是您們的責任。基於父母的職責和對兒女的愛，您們可以持續協助他，但不應過度憂慮，以至於損害自己的快樂與健康……這，就是必須學會的「聽天命」了。

家・長・可・以・這・樣・做：

1總是安慰、鼓勵、支持，不見得是正確的做法。父母要做的是徹底放開虛榮心與得失心，教會孩子「為自己著急」。

2理性的告訴孩子，學歷是他的，我們做父母的沒關係。那是他自己的選擇，將來找不找得到工作，有沒有飯吃，可能會遇到哪些問題，他要自己負責，父母不會養他一輩子。

3和孩子談時，不要急著叫他努力。請先鼓勵孩子說自己的想法，究竟是沒興趣？學習有困難？人生沒方向？還是有其他原因？認真、仔細的聽，然後請他提出解決問題的方案。

孩子沒上進心，該怎麼幫他？

Q

我有兩個兒子，這些年來，我全力兼顧工作與家庭，讓孩子放學後能馬上看見爸媽，也認真教養。老大大學畢業已離家工作，雖沒什麼大成就，至少不讓我操心；但老二從小就凡事馬虎，功課不佳，把我的努力教誨當耳邊風，我們親子間的溝通一直不甚理想。他好不容易讀完私立高中，申請上大學，在外住校，卻頻頻吵著要買手機和機車，現在忙著打工存錢。

我覺得只要兼顧學業，打工其實沒什麼不可以，但學校通知我他曠課太多，考試還不及格，讓我十分焦急。我常寫信或簡訊去勸他，他總是不回應。學校老師要我多關注他，可是他回家時，只要我一開口，他就迴避閃躲，我真是煩惱。這本性不壞，但毫無熱忱與人生目標的孩子，應該怎麼幫他呢？

A

很抱歉，您的問題拖了這麼久才回覆。好幾次很想直接回您：「孩子都已經成年，還能有什麼辦法？好好調適自己的心情吧！」但看您字裡行間的焦急、憂慮，實在十分心疼……我也覺得不甘心，因為我可以了解，做父母的總是希望能為孩子盡到最後一分一毫的心力。所以，我努力的以您的姊妹好友的心情，把您的狀況想了又想。我最大的期望是，在這段時間內，孩子的狀況已經有了好的改變。

父母需要改變自己的觀念和做法

對許多父母來說，孩子長大了，表現無法符合期待，或不再聽從父母的安排，是很傷感、悲哀的事情，但我認為，這是必須想通和接受的「現實」。尤其當溝通管道已經不再暢通，孩子根本避不見面或拒絕談話，乾著急或寫再多的信和簡訊也沒用。父母能做的，就是調適心情，改變自己的觀念和做法。

我常用養狗來形容養孩子的過程，雖不完全相同，但很容易理解。

好比我們養一隻像黃金獵犬，甚至體型更大的狗，當牠小時候，就算闖了禍，我們很容易一把抓住牠，圈限牠的行動，想辦法利用牽繩、獎懲來教導牠規矩。

在寵物的成長過程中，牽繩就是主人和寵物間的溝通管道，如何讓這個溝通管道保持有效暢通，讓狗狗從不懂事的服從，到持續「尊重」這個管道指令的權威性，就是主人的課題。

如果沒有在狗狗長大之前完成訓練，當一隻狗長到四十至五十公斤，甚至比主人還重時，沒有養成良好互動的大狗，很快就會發現自己的力氣已經比主人大了。一旦牠決定忽略牽繩傳達的意義，牠就可以為所欲為，這就是為什麼我們會看到有的主人被橫衝直撞的大型狗拖著跑，拉也拉不住。

對於寵物，我們還可以用牽繩、籠子和食物來管控，但是對於成年人呢？如果沒有從小建立起親情上的依賴、互信與尊重，父母對孩子的影響力，就會只剩下現實的利益關係，像是財務上的支持。

當孩子年過二十，讓孩子自己面對與負責吧

當孩子年過二十，必須自己負起法律責任時，也意味著他其實有能力（不管在父母眼中足不足），也有權利為自己做決定了。

在養育的過程中，我們可以努力讓孩子跟我們的觀念、態度盡量契合，不過沒

有人可以確保已發展為獨立個體的孩子，跟父母的行為、想法能一致。

父母對這樣的發展要理解、尊重，但更要確切的讓孩子明白，在此同時，父母對孩子的責任、義務，也不再無限延期和無限上綱。

身為父母，理當要負規勸、引導之責，事前對孩子做充足的利弊分析，但對於孩子執意要做，卻導致的不良後果，孩子必須要自己面對與負責。千萬不要在孩子面對過失時，一再幫忙處理、擦屁股。

兒孫自有兒孫福。成年以後孩子的發展，努力之外，很多時候其實是靠機運。多看幾次最近關於博士就業困難的報導，或許父母們想法上會有所改變……拿到大學學位一定比較好嗎？其實很難說。

現在的社會變遷快速，將來會怎麼變化，也沒人說得準。孩子真若有心想讀書，在工作幾年之後，再回頭去念，以現在大專院校和學習管道之多，實非難事。

讓孩子自己提出解決方案

我認為您的當務之急是重建溝通管道，讓孩子願意回家、願意分享心情，您才有機會防止孩子學壞，免得他將來丟給您更難以收拾的麻煩事。

請嘗試不要一見面，就急著指正和勸導。心態上，先練習接受孩子的狀況與選擇，把他當成一個獨立的成人，而不是自己的「小孩」。言談上盡量以同理心、從陪伴孩子解決眼前問題的角度出發，一起討論，讓孩子自己提出解決方案。

您只要就孩子的意見，表達您的看法，與您會採取的態度、立場，說明清楚即可。讓孩子依自己的意願做決定，但要言明可能的失敗與挫折，他都得自行負責，不可造成父母生活上的困擾。因為父母可以尊重他的意願，他也必須尊重父母的立場、選擇。

讓孩子考量各種不同的人生選擇，會有不同結果

比方說，父母希望他好好念書，願意盡力負擔他的學費到大學畢業，但他如果自願放棄這項福利與資源，他可以直接去工作，不過一定要提醒他，如果將來後悔沒有大學學位，這可是他自己的選擇。

孩子若一時無心念書，也可以考慮先休學一年去打工。他可以住在家裡，但父母不提供財務上的支持，因為打工期間，他必須用工作態度與成果證明自己的判斷力與能力。

一年之後，大家再就屆時的狀態與心情坐下來好好談。肯定孩子對於想改善物

質條件，而「努力工作」達到目標的想法，但收集一些機車車禍的悲慘事證，說明父母不希望買機車是基於安全考量，因為萬一出車禍，就算沒丟掉性命，受傷、受苦的是他自己。

如果您比較在意的是希望他全力完成學業，或許也可以由父母訂定期限，協助規畫，存下零用錢。只要課業表現達到目標，在有後續承諾的條件下，父母即加碼購買機車或手機作為鼓勵。

把人生選項交給孩子

您也要試著放棄對學位的執著，更不要苛責已經盡力的自己。認真觀察孩子的興趣和個性，萬一孩子求學之路斷了，有沒有其他的出路或選擇。

各種可能性和選項，需要由您和先生好好琢磨、商量，再一起耐心的面對孩子。不再指揮他一定往哪條路走，但也不再無條件支援。把選項交給他，就是讓他認真負責、面對自己的開始。

進取心不是父母親可以用嘮叨，或大道理「唸」出來的。進取心是一種發自於內在的動力，動力的產生則來自於一個人從小到大，接觸到的各種環境條件所匯集結果。

青少年期以後的孩子，父母的影響力日漸減少，他們的巨大改變通常需要一些「契機」，來引發內心的火花，比方重大事件、同學朋友的影響，或是某些他們喜愛敬重的師長。如果您知道有什麼適合的人選，不妨去請教，甚至請求協助。

耐心、寬心，陪伴孩子走過這一段

我年輕時常常抱怨老二不及老大乖巧認真，朋友就會笑我說：「比上不足，比下有餘，天下哪有這麼好的事，最好的都讓你包了！」想想，孩子只是一時欠缺人生目標，但身體健康、相貌堂堂。以漫長的人生路回頭來想，或許他只是需要多拐幾個彎，才能到達目的地，我們又何妨放慢腳步、耐心陪伴？

我一直非常喜歡聖嚴法師的「四它」：面對它、接受它、處理它、放下它。對孩子，跟人生中任何事都一樣，盡人事就好，剩餘的也只能聽天命。請放寬心、靜下來，您的態度轉變可能就會讓您看到方法或契機。

讀您的信，就知道您是用心的好媽媽，期待在不久的將來，您的兒子就能以成熟、穩重的態度，跟您一起回頭笑看這封信，這個人生過程中的小插曲。

家·長·可·以·這·樣·做：

1 當孩子成年，若想影響孩子，父母必須先改變自己的觀念與做法。

2 身為父母，理當負規勸之責，事前對孩子的想法做利弊分析，但若孩子執意要做，卻導致的不良後果，孩子必須自己負責。父母不要一再幫忙處理、擦屁股。

3 父母要重建溝通管道，讓孩子願意回家、願意分享心情，但不要一見面，就急著指正和勸導。盡量以同理心、從陪伴孩子解決眼前問題的角度出發，一起討論，讓孩子自己提出解決方案。

4 進取心不是父母可以用嘮叨或大道理「唸」出來的。青少年期以後的孩子，父母的影響力減少，他們的巨大改變需要「契機」，比方重大事件，或某些他們敬重的師長。如果父母知道有適合的人選，不妨去請教。

不懂事的大五兒子，該怎麼辦？

Q

兒子高二迷上網咖後，每學期成績幾乎都滿江紅。他之前很乖，成績退步後，親子關係就破裂，非常大的衝突一次接一次的來，我成了兒子與先生間的痛苦橋梁。

大學成績不理想重考，進入大學後，跟高中一樣，只想好好的玩一玩。大學成績單寄來，每學期成績都有幾科不及格。這時先生面對兒子功課不理想，再次起了衝突。兒子又延畢，至今是大五的學生。

兒子凡事都責怪先生沒好好地跟他說，大學要好好的讀才能考上好的研究所，已經二十五歲了，仍這麼不懂事！說他又不高興。我們互動，只能靠簡訊、電話，有時他講話態度非常不禮貌。有一次，我生氣掛電話，過幾分鐘，兒子又打來道歉。說他不懂事又好像懂事，真是摸不透兒子的心。

兒子好高鶩遠，想考國立大學研究所，當下我和先生都支持他的理想。我知道他想

「做自己」，大二開始就說要補習，想考研究所，我們也都支持他。但我跟兒子比較有聊天的機會，有好幾次，聊到他內心的想法，他似乎對自己非常沒信心。我問他為何沒女友，他說女友管太多，不喜歡被約束，我也發現他並沒有可以談心的同性同學，或和那些比他厲害、上進的同儕往來。我好幾次跟他說，去找考上國立研究所的學長談談，或許對他有幫助。

兒子大五了，我沒聽過他說同學如何。我安慰自己，兒子沒學壞就好。或許媽媽影響力日減，但我還是很想了解兒子目前的狀況。

兒子不懂事、不知父母心、不懂得關心別人。我時常自責，是家庭教育出了問題嗎？兒子已經二十五歲了，該說的話也都說了啊！我該如何面對這麼不懂事的孩子呢？

A

關於親子教養的問題，如果孩子已經成年，老實說，並不是完全來不及了，而是處理起來，難度高很多，需要花費加倍的時間、精力，就好比走錯了路，走越遠，就需要花越多時間、體力，拉回原來的岔路點。

對多數家長來說，第一步能做的，就是放寬心，降低期待，調整自己的觀念、態度和做法，從改進親子關係，拉近距離做起，希望狀況因此逐漸改善。想要有立竿見影的方法，短期扭轉現況，幾乎是不可能的，除非出現了比較戲劇性的人或事。

按捺想糾正孩子的衝動

前幾天與一位朋友聊起，她高三的女兒跟老師起了點小衝突，晚上在家，母女不得不為此事「相談」。

過程中，她幾度按捺下，一開口就想糾正女兒有哪些「錯誤觀念」的衝動，認真聽女兒說出過程和想法，陪著從孩子的角度討論，也帶著孩子用同理心去思考老師的言行。聊了很久，她才發現原來造成孩子內心陰影的，其實是國中階段的一位老師。

孩子的改變

鼓勵孩子暢所欲言之後，她才把自己的看法，盡量客觀的解說給孩子聽，並教孩子如何正確解讀一些說者可能無心的言語。當晚，孩子不但平和的聽進了她的分析，還主動表示第二天要去向老師道歉。

學測在即，這樣一件「小事」如果處理不當，女兒和導師的關係可能惡化，影響讀書情緒，母女之間也可能因此不愉快。

她一方面慶幸沒有發生那樣糟糕的情況，一方面也感慨教養這件事真是不容易，因為親子間不斷的有各類「小事」持續發生，父母的觀念、態度與當下的處理方法，往往影響了孩子在岔路點上，會往哪個方向走。

孩子最需要的

其實多數孩子需要的是父母花時間陪伴、引導，而不是用什麼巧妙方法，去導正問題，得到立竿見影的效果。

我深信孩子的觀念、言行取決於養育者和成長環境，如果父母對孩子狀況有任何不滿意，回頭看絕對有可以修正的地方，不過，並不是每一位父母都有勇氣面對與自我檢討。

「親子衝突」可能才是問題的核心

您的來信把困擾和始末描述得相當詳細，也非常負責而勇敢的問了：「是家庭教育出了問題嗎？」請讓我試著以您提出的有限資訊，陪著您檢視造成孩子目前狀況的可能原因，答案不一定正確，但我希望能作為您後續面對問題時，處理方法上的參考。

您的兒子雖然重考、延畢，至少沒有學壞，已是萬幸。從他跟您的互動看來，他心地善良，也愛爸爸媽媽，只是幾次親子衝突，讓您們的互動有了不愉快的癥結。

不夠成熟的孩子害怕責難，當然會選擇盡量逃避父母。如今，唯有溫暖的包容與支持（不是寵溺或一味配合），才有辦法讓已經成年的孩子願意回家，好好的面對您們，說出心裡話。

以他現在的年紀，他比較欠缺的是責任心、同理心、自我評估設定目標和自我約束鞭策的能力。在您看來，迷上網咖及成績退步似乎是一切問題的起點，但我認為「親子衝突」可能才是問題的核心，當時的處置方式可以造成很大的差別。

男孩成長過程中需要的榜樣

沒有一個男孩子的成長過程，不會經歷荷爾蒙暴衝和無法抗拒誘惑造成的身心混亂。其實對男孩子來說，最重要的是要有個讓他服氣又尊敬的老大領導，以安定軍心，而通常扮演這個老大角色的，就是父親。

孩子沒處理好的事就怪爸爸沒跟他說，這麼大年紀了，還不知道該為自己負責，的確不懂事。不過您有沒有想過，或許就是這段時間來的父子關係破裂，讓他失去好多和父母談話，在父母的引導下成熟、「懂」事的機會？

很多人以為成績好的孩子，人格或心理問題就少，其實不盡然，書讀得如何和品格好壞是兩回事。

一般來說，成績好的孩子容易因此得到成就感與讚美，這對親子兩方自信心的建立都非常重要。孩子讀書有天分，父母可能在課業輔導上輕鬆些，但在觀念、習慣、態度、言行方面，一樣需要用心輔導。

父母要把握為孩子建立核心價值的每一件小事

沒有孩子天生就懂事，需要在成長過程裡，由父母親藉由各種事件、機會，反覆加以說明、引導。人生中一次又一次的「小事」，就是父母為孩子建立核心價值，導正觀念、習慣、態度、言行的機會，必須善加把握。

傳統東方家庭的父母親比較少和子女談心、交流，常把「讀好書」、「成績表現好」當作孩子有沒有問題的標準，尤其是工作忙碌的父母，和孩子的對話往往只發生在孩子考試不理想或犯錯時。

對一個男孩子來說，最需要的就是來自於父親的肯定。如果孩子從小到大，父母能牢記一個原則，就是孩子其實很需要父母的引導和不厭其煩的解說，才能逐漸懂得父母的想法、變得「懂事」。從一次又一次的「狀況」中成長，就會比較有耐心，並心平氣和的陪著孩子檢視觀念、言行。維繫和孩子互動的融洽、愉快，目的在於保持溝通管道的暢通。

成年孩子也還是需要長輩指點和建議。比方交女朋友，不妨以女人的立場和觀察，分享女人心情，讓兒子了解，更要藉各種機會，讓孩子了解所有的事都有得有失，想要有伴侶的幸福、溫暖，就需要付出任其束縛的代價等等，人生就是各式各樣得失的權衡與選擇。

一切從頭開始評分

比方，您們若覺得孩子的想法或計畫好高騖遠，就不該只因為那看起來是「正途」，就不切實際的支持。

應以父母的經驗，協助判斷並分析成敗機率與各類發展的可能性，讓孩子學會估量自己的條件與能力，增加成功機率，以建立自信，才不會因為一再失敗、得咎而失去鬥志與信心。

請和先生好好商量，接受孩子目前的情況，不論您們覺得他表現好不好，一切從頭開始評分。

對您們想知道的事，找機會就問，閒聊、深談都好，心態、言談上，切記把兒子當成親友的孩子對待，不要有責難或批評他的態度，這樣您們在言語上就不會太嚴厲、直接，或給孩子太大的壓迫感。

只要孩子的言行、態度有改善，一定要讓他知道您們的快樂與欣慰。平時好好深思孩子各種問題可能的方向與解決方法，這樣當孩子跟您商量時，您可以有比較篤定的方向與對策可供他參考。

兩邊幫忙做形象

從現在起，不要再自覺是父子間的「痛苦」橋梁，記得家家有本難念的經，能有老公、兒子可煩惱，其實您很幸福呢！

兩邊幫忙做形象，拉近關係，讓老公看到兒子的好處，幫忙孩子了解、懂得爸爸的愛與苦心，暗中協助兩邊相處。只要互動能更頻繁、和順，我相信情況一定會改善！

家・長・可・以・這・樣・做：

1 親子間，不斷有各類「小事」發生，父母的觀念、態度與當下的處理方法，深深影響孩子在岔路點，會往哪個方向走。

2 若覺得孩子的想法好高騖遠，請別因為看起來是「正途」就支持，應協助判斷、分析，讓孩子學會估量自己的能力，增加成功機率，以建立自信，才不會因為一再失敗，失去鬥志與信心。

3 請和先生商量，接受孩子目前的情況。不論覺得他表現好不好，一切從頭開始評分。

4 平時就要深思孩子各種問題的解決方法，這樣當孩子跟您商量時，可以有比較好的對策，供他參考。

5 不要再自覺是父子間的「痛苦」橋梁。兩邊幫忙做形象，讓自己成為孩子和另一半之間最溫暖的聯繫力量。

想要孩子回家住，該怎麼做？

Q

兒子就讀科技大學二年級，我正在為是否該讓他繼續租屋住在外面，或是要他搬回家住而煩惱。

兒子的學校離家大約半小時車程，住在外面一年多，大約三四個星期才回來一次。每次問他在忙什麼事，得到的答案不外是寫報告、在社區大學打工、練習迎新活動、合唱……等，假日就和同學到夜市、郊外踏青、唱歌……或是參加講座活動（這些都是他自己講的），其實我和他媽媽不太相信。

我們認為孩子的自制力不好，也沒有什麼主見，很容易跟著朋友起舞，偏偏他就讀的大學學生素質並不是很好。住在外面的誘因實在是太多，活動又自由，一有空就隨時打卡。

我有時會跟他說，你號稱在社群上有近一千個朋友，但是當你真正有困難的時候，他們有幾個會幫助你。我們都很希望他能在大學的這幾年中找到自己的目標，真正花一些功夫，學些將來工作上可以用的東西。

假設我們跟他溝通，要他回來家住，通勤上學，是否可行？如果他不肯，那我們是否有比較好的方法可用？我們很想聽聽您的意見，謝謝！

A

父母放孩子單飛之前，最好已經為孩子做好各種「準備」，讓孩子具有接近父母理想的價值觀、判斷力、進取心和自制力；一旦孩子離開，就要調整自己的心態、做法，不要再把已經成年的兒女當成小孩，事事想要掌控、干預，否則只是自尋煩惱。

事前和孩子共商合理可期的目標，訂下自我約束的規範

親子關係放手容易，收緊難，這就是為什麼我一再提醒家長們要「想在前面」。在孩子任何階段性的變動之前，一定要先對下階段做各種可能性的預測和推演。事前和孩子共商合理可期的目標，訂下自我約束的規範（像是多久回家一

次），這樣才比較容易做出相對理想、不後悔的決定或選擇；孩子若幸運的有了好的發展或結果，還會感謝父母明智的指點和引導。

如果總是等孩子有讓父母不滿意的作為後，才想改變或禁止，從孩子的立場感受，必然會覺得爸媽就是看自己不順眼，事事都想干預、阻撓。

請避免一開口就批評孩子

大學階段，是為進入社會做準備，學習的格局應該要開拓、提升，不再侷限於課業和技藝。大學生的活動和社交，其實也是人際關係的訓練和儲備，像歐美的大學生對「networking」（建立人際網絡），就比較積極、有意識的去經營。

把一些時間分配在經營人際關係本身並沒有錯，網路社群更是現代社會不可或缺與逆轉的趨勢，重點在於孩子有沒有能力判斷，並選擇好的社交對象和活動，以及投入時間的比重安排是否恰當。

跟大孩子談論交友和活動時間問題時，您一定要表現出對我上段所述觀念的理解。不論您認為他來往的朋友素質如何，請避免一開口就批評他所做的事情和交往的友人（尤其是在未真正查證的情況下），以免引起孩子的情緒反彈。

先肯定孩子，再用聊天方式，帶出建議

拋開太傳統的觀念，了解社會大方向的趨勢並充實新知，父母的意見在孩子耳裡聽起來才會「言之有物」。找出他做得好的地方，總是先肯定他的成熟與成長，鼓勵他好好學習，「同時」享受大學生活，再用聊天、分享的方式帶出您的建議，孩子才聽得進去。

想叫已經嘗過自由滋味的鳥兒回巢，勢必要有些誘因。請不要為孩子這麼「現實」感到難過，因為父母想要保護和照顧子女是動物的天性，兒女能尊重孝敬父母，則需要靠親情和文化教育的薰陶。現代父母要是無法看清和想開這一點，餘生就只能等著領受更多煎熬。

提出孩子喜歡，或在意的事作為「鼓勵」

如果您和太太真的希望兒子回來家裡住，能在沒有任何交換條件的情況下說服他，最好不過。但萬一他不願意，您們就必須提出他真的喜歡，或在意的事作為「鼓勵」。

比方，對孩子來說，「可以省下不少伙食費當零用錢，又常常可以吃到媽媽親手做你愛吃的菜」，就比「在家裡吃比跟朋友在外面亂吃健康、營養多了」有說

服力。又比方，可以提議回家住，省下的租屋費用，您們幫他存下來，作為大學畢業前後的遊學基金。

究竟什麼樣的「正向」誘因適合您的孩子，就得由您們夫妻共同研究考量。實在勸不動的話，您們也只好接受孩子已經長大的現實，想辦法調整心情面對。營造讓孩子想回來的情境、氣氛，鼓勵他多回家，才有機會溝通、交流。

注意表達上的技巧與策略，親子才能雙贏

想要孩子回家住，是希望能達到讓孩子更加成熟、懂事的雙贏局面，而不是為家庭生活帶來更多的衝突與不愉快。假使您們成功的說服孩子回家，我希望您們一定要做好心理和言行上的準備，因為孩子並不期待回來面對太多約束與嘮叨，請務必讓孩子感受到，光是他在家這件事就帶給父母很大的溫暖和快樂。

我們太望子成龍，一心希望孩子更好而努力鞭策，卻常常忘了孩子能健康成長又沒有學壞，已經是很大的福報。

並不是要您們對孩子低聲下氣的呵護、順從，而是要記得他已經是大人了，對所有您們希望他聽進去的意見，一定要有所準備，理由必須充分有力，表達上也要有技巧和策略。保持父母威嚴的同時，記得給孩子保留顏面和台階。

家・長・可・以・這・樣・做：

1 父母放孩子單飛前，最好已經為孩子做好「準備」，讓孩子具有接近父母理想的價值觀、判斷力等。事前可以和孩子共商合理的目標，例如像是多久回家一次等等。

2 找出孩子做得好的地方，鼓勵孩子好好學習，「同時」享受大學生活，再用聊天的方式帶出自己的建議，孩子才聽得進去。

3 不論孩子來往的朋友素質如何，請避免一開口就批評他，以免引起孩子的情緒反彈。

4 如果孩子不願意回家住，您們必須提出他喜歡，或在意的事作為「鼓勵」。比方，對孩子來說，「可以省下伙食費當零用錢，又常常可以吃到媽媽親手做你愛吃的菜」，就比「在家裡吃比跟朋友在外面亂吃健康、營養多了」有說服力。

5 如果成功的說服孩子回家，請一定要做好心理和言行上的準備，因為孩子並不期待回來面對太多約束與嘮叨。請讓孩子感受到，光是他在家這件事，就帶給父母溫暖和快樂。

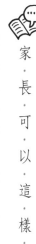

速讀和記憶法，有效嗎？

Q

關於讀書方法，我有幾個問題想請教：

1請問您女兒如此優秀，除了用心教導外，有否在外學讀書方法，像是速讀等技能的課？

2我已經五十二歲，想參加公務員升等考，但記憶力及讀書方法都不太好。坊間所謂倒背如流的超級記憶術補習班有效嗎？

3我女兒小學四年級，不知適不適合去該類補習班？

A

坊間流行的速讀、快速記憶等學習方法，我都沒有研究，因此以下回覆都是我個人的看法，提供您作為參考，絕非「專家意見」，這一點還請您特別留意。

首先，我認為一個快速學習方法如果真的全面性「有效」，那各級學校早就想盡辦法，把它開成一堂正規課程了！這就好比，一種民間流傳的醫療方式假使真的絕對有效，它就不會只停留在民俗療法的層次，早該經由醫學研究進入了醫療殿堂。

我高中時曾聽一位別班同學說，她學過速讀，一本歷史課本，幾小時就可以讀完，當時聽得我十分羨慕。但是後來想想，如果速讀真有這麼神奇的效果，為什麼她的課業表現並不特別出色？

學習如同進食，需經過消化及吸收

「速」，就不可能「精」，這是簡單易懂的道理。讀書、學習不像我們每天翻報紙、讀新聞，看看大標題，囫圇吞棗即可；學習有如進食，還需要經過一整套咀嚼和消化、吸收的過程，才有辦法進一步轉化為可以運用的能量。

一本經典長篇小說，速讀或許足以掌握故事架構，但唯有經過細讀和推敲，才有辦法體會故事背後的含意與哲學、欣賞用字遣詞之美，並學習到作者所使用的文學技巧。

學校教育的不同學科，代表的是一種當今社會認為，一個孩子將來追求各類專業所需要的基本能力與知識。「讀」與「背誦」的部分，僅僅是為建立起作為學習基礎的知識庫。

孩子需要建立自己「做學問」的能力

想在考試有好表現，除了背誦以外，越大的孩子在學習過程中，就越需要逐步建立起自己「做學問」的能力，包括觀察、歸納、推理、整合、運用，甚至引申等等。「讀」與「背誦」的能力就像是做菜第一步：取得食材非常重要，卻不能保證做出好菜。

我曾經聽過一位世界記憶冠軍的演講，這位絕頂聰明的印度人表演了立即背誦一長串數字的驚人能力。想要快速記憶的確有技巧，最簡單的方法就是使用生活上淺顯的東西，作為連結以幫助記憶。

對一般人來說，越抽象的東西越難記，所以數字、文字都不好記，但圖像卻是比較容易記得的，所以當時他教我們記一組幾十個毫不相關名詞的方法，是利用圖像聯想，串成一個故事，果然在場所有人，都輕鬆背下了這幾十個名詞。

各類記憶方法為抽象事物的背誦，提供了一些小技巧，以快速得到成就感，或者增加一些趣味性，以提高興趣，對某些人來說是會有幫助的，因為學習和練習多半枯燥乏味，但興趣和成就感可以提供我們持續的動力。

就好比學了珠、心算，數學就會好嗎？當然不一定。珠、心算在整個數學領域來說只是「算術」，屬於最基礎的「技術層面」，對高年級以後的數學能力並沒有關鍵性的正面影響，只是有些中、低年級的孩子因為學過，計算速度比較快，在學校考試得到好成績，對自己有信心，也因此對數學這個科目有興趣，願意花時間認真學習和練習，數學表現當然好。這樣的技巧學習終究好或不好，每個孩子的狀況絕對不一樣。

同樣的，讀書這件事並不是單純的記憶。背誦只是整件事的一部分，而且也和珠、心算一樣，屬於「技術層面」，對某些人、某些特定科目或許會有一點幫助。其實網路上應該就找得到一些範例，稍做瀏覽，您就可以有一點概念，建議您也不妨買一兩本關於記憶法的書來看看。

每個人在學習歷程中，都會建立一些自己的記憶方法，如果學習觀念正確，又能利用一些小技巧來增加讀書樂趣，當然很好。

速記等於速忘？

不過，在當今知識爆炸、資料取得容易的年代，記憶和背誦的重要性似乎又更降低了。有為申請美國研究所而準備GRE考試的人，都有過和我一樣的經驗：我們曾經背過整本「研究所程度」的英文單字以應付GRE，那些艱澀的字彙只會出現在學術研究領域，一般日常生活完全用不到。

當時為考試短時間內都硬K下來，但之後卻全部忘光了，因為速記通常就會速忘。那要什麼樣的事情才會永遠記得？除了一遍又一遍背誦記憶，最有效的方法，就是要反覆練習，要常常「用」。

我小時候有點小聰明，讀書很快，臨時抱佛腳，考試都可以考很好，但結果卻發現忘得也很快。後來我深刻反省自己這種速成的讀書方式不夠扎實，因此我對於孩子在讀書方法上，絕不鼓勵他們投機速成。

扎實的累積，才能有穩固的基礎；一點一滴經由自己努力去消化，才會真正的吸收。我相信大腦藉此才得以建立實在的經驗連結，孩子也可因此學會殷實的做人做事態度與方法。

所以，我個人並不贊成讓孩子學如何「速成」的「技巧」，比較重要的應該是激發孩子的學習興趣，鼓勵孩子實實在在的認真、努力。

對孩子學習態度的誤導

有些孩子學了一些技巧性的皮毛，一不小心反而會誤導學習態度。就像有些在外面先補習的孩子，誤以為自己已經學會，結果不認真上課，也不好好做練習。已經認真努力卻效果不彰的孩子，再考慮從技巧方面去提升和突破，以提高成就感和興趣。

倒是您自己，倘若考試的內容多是需要記憶背誦的，您的經濟能力和時間也許可，則不妨一試，因為我相信您已經有足夠的經驗來協助判斷，學了有幫助最好，即使沒有太大的效果，起碼不至於有不好的影響！

家・長・可・以・這・樣・做：

1「速」，就不可能「精」，讀書、學習不像我們每天翻報紙，看看大標題即可；學習有如進食，需要咀嚼和消化、吸收，才能轉化為可運用的能量。

2想在考試有好表現，除了背誦以外，孩子在學習過程中，越需要建立「做學問」的能力，包括觀察、歸納、理解、推理、整合、運用，甚至引申等。

3與其讓孩子學如何「速成」的「技巧」，比較重要的是激發孩子的學習興趣，鼓勵孩子實實在在的努力。

4有些孩子學了一些技巧性的皮毛，反而會誤導學習態度。例如有些在外面先補習的孩子，誤以為自己已經學會，結果不認真上課，也不好好做練習。

三十歲的年輕人，適合什麼工作？

Q

兒子高中時，我和先生不希望他念汽修，他偏偏要，只有隨他，但畢業後工作一年，他發現自己不適應，所以即使都要出師了，他卻又不做了。

說要考郵局、考警察，但考了兩次都沒考上；說要開車，想找開車送貨工作，但我們覺得一天到晚在外面跑不安全，希望他去電子廠做管理員，他又不要。

他對我們說：「是我在工作，不是你們，每次我做的工作，你們不贊成。你們要我做的，我又不喜歡。到底怎麼樣，你們才會滿意？不要我做了順手，你們又干涉。」

他每次找的工作，我們做父母的都有意見，這如何是好？是他不了解父母的苦心？還是我們太寵愛他？管太多了？請問三十歲的年輕人適合什麼工作？

A 工作的性質和種類太多，每個人的個性和長處也不同，行行出狀元，我想只要是當事人喜歡，或有熱忱和意願去從事的，都是適合的工作。

放手，讓孩子為自己的人生負責

您的兒子或許比較沒定性、不夠堅持，但他的狀況在多數父母眼中不算是大問題，因為他並不是不肯工作，或是不學好。

二十歲成年之後，父母的責任就已經完成；古人三十而立，三十歲的人都可算是步入中年了，該讓他自己做決定，為自己的人生負責了吧。

父母或許有比較豐富的社會常識與人生經驗，可以提供孩子作為參考，但這並不表示父母想的，就一定是對的。

金飯碗隨時在變，最關鍵的是工作態度與熱情

現在的大環境變化非常迅速，風水輪流轉，一般社會認知的金飯碗，將來也不

一定好，比方過去十幾年最熱門的金融業，以前誰想得到，在歷經金融海嘯後會大不如前。又比方現在職場上有很多種工作，在五年、十年前根本完全不存在，但同樣的，也有很多現存的工作和行業將來會消失。

除了一些絕對需要專業、知識能力的工作，多數行業都要從基層做起，其實對雇主和上司來說，個性、態度、學習心和工作熱情才是最重要的。

孩子對自己選擇的，會更願意去突破困難

您們夫妻或許該相互勉勵：兒孫自有兒孫福，該放手就要豁達。您們只需要陪伴他面對選項，審慎的釐清、分析，各行業的長、短程，各有哪些優、缺點，再由他自己來做抉擇。

多數孩子只要確知路是自己選的，碰到困難的時候會比較甘願面對，也比較有毅力克服。到那種時候，父母該做的，就是要給予支持鼓勵、加油打氣。

世上並沒有完美、適合自己的工作

倒是該提醒他，三十歲的年紀，在職場競爭上已算「弱勢」，已經沒有太多時

間讓他到處嘗試，或一再從頭開始，所以一旦做了選擇，就要有克服萬難的決心。

還有，世界上絕對找不到完美、適合自己的工作。多數在職場上的成功者，其實都是因為不畏困難，靠「吃苦當進補」的工作態度，披荊斬棘，不斷自我充實，積極進取，才有辦法開拓出令人羨慕的平坦道路。

家．長．可．以．這．樣．做：

1 二十歲成年之後，父母的責任就已經完成；而三十歲的兒子，就讓他自己做決定，為自己的人生負責了吧。

2 夫妻互相勉勵，兒孫自有兒孫福，並陪伴孩子，分析各行業的優、缺點，再由他自己做抉擇。孩子對於自己所選擇的，面對困難，往往會更有毅力去克服。

3 提醒孩子，三十歲了，在職場競爭已算「弱勢」，一旦做選擇，就要有克服萬難的決心。

自以為我的專欄讀者都是成人和家長，第一次收到來自高中生的提問時，讓我十分意外，青春的好文筆承載的卻是無處宣洩、無人可訴的慌亂與無奈，真教人心疼。沒想到回覆在報上刊載之後，又接連接到好些高中生和大學生的來信，能夠得到這些大孩子的信任，讓我感到非常榮幸。

親子間的問題，過去我們常常都是站在父母的角度觀看剖析，把「問題」定調在孩子身上，社會環境其實很少給孩子們發聲的管道。青春期以後的孩子看似很酷，其實他們一樣有很多問題想問，需要被父母疼愛、關心，也需要長輩的協助、引導。

要如何讓孩子能夠一直相信我們的判斷與建言？「父母學」，真的是陪伴孩子成長到成熟，一輩子的終身學習，一點也不容易。

輯二

學生提問

我被數理壓得喘不過氣……

Q

我現在高二，學校的數理課壓得我快沒法喘息，往往整堂課下來，我真正理解的題型等於零。回家後，面對做不完的數學或物理作業，讓我非常受挫……因此，我渴望離開這樣的體制，到美國念書。

我的文科很好，尤其對英文有濃厚興趣，從小夢想到美國留學。兩年前，我開始嘗試說服父母，讓我到美國念高中，直到前一陣子，我才放棄這個念頭，並下定決心認真讀高中、考大學，但這樣的堅持，總是在被數理打擊後徹底崩解！這時，我會開始幻想父母同意讓我出國，開始上英文網站，渾噩的度過一整天，即使段考將至。

梁阿姨，或許您在專欄中並不替讀者解決這樣的問題，但若您能給我短短幾句話的回覆也好，我真的不知道該如何是好……

A

請放心，我會盡快回覆你。

在這之前，我想先請你試著轉變一下想法，把「對你很好」、「跟你相處愉快」，短時間內也不會「背叛」你的好朋友「英文」，暫時先放在一邊。

想像一下，數學，其實是個對你並沒有敵意，卻有著深刻內涵、非常值得學習的朋友。只因你找不到了解他的方法，而倍感壓力，但在你離開高中生活之後，可能一輩子都再也沒有機會，進一步認識他和向他學習。

如果你現在能在心情上做一些調整，即使明知一年後，你們應該會分道揚鑣，再也不相見，但這一年內，他卻可能成為你達到下一階段目標的關鍵助力。你要如何想盡一切辦法，改善你們之間的關係？

※　※　※

上次給你的即刻回覆，是希望你能利用等我回信這段時間冷靜沉澱，學到一種勇敢去看問題的態度，這是面對生活困境的第一步。

因為要先做到這樣，我們才有辦法看清客觀條件，加以分析，並找出解決問題的方法。所謂「解決」不一定是如願以償；等你更有人生經驗，你會發現生活中很多事情終究無法照著我們的期待去實現，所以「解決」，是指你能夠善用手上所有的籌碼，將事情推往比較理想的狀況。

不但沒放棄數學，還研究出面對的「策略」

讀著你的來信，很像看到高中時的我！我高中讀北一女的時候，最拿手的是英文，成績最糟的是數學，雖然我還滿喜歡理化，但終究因為討厭數學，所以念文組。

我們那時的聯考很流行一種說法，就是想進台大（不論哪個科系），只有一兩科超強，但其他科很弱，是辦不到的；至於主要的英、數兩科，必須加起來超過一百分。

當時我的英文成績在全校前幾名，依模擬考的表現，我聯考有八十分的實力，數學則剛好頂多考個二十分（我那年代的大學生不少人聯考數學零分）。

我雖然不喜歡數學，高一、高二也不用功，但衝刺期時，我並沒有放棄數學，還是自己研究、摸索了一個守住基本題的「策略」，並照著自己的計畫去準備。

真實的人生，常充滿意外

我對英文自信滿滿，結果你知道發生了什麼事？當年度是多年來英文考題最難的一屆！因為太難了，反而考不出程度，所有人都考很爛，我只考了五十分左右，連班上英文不好總是靠猜題的同學，都猜得比我還高分。但是很幸運的，我數學的基本題策略奏效，考了五十二分，還是上了當年的第一志願台大外文系。

所以，不是我最喜歡的英文，而是我高中最討厭的數學，讓我考上台大。

現今的考試方式與當年當然大不相同。我說這個故事，想分享的是，真實的人生充滿了意外，常常我們以為一定會怎麼樣的事，結果卻出人意表。

這就是為什麼，人生有許多事就像財務投資一樣，做得到的話，都要盡量分散風險，為自己保留更多的機會與選項。

逃避，從來不能真正解決事情

當年的我雖然不喜歡數學，但至少我沒有把它當敵人怨恨或逃避，而是積極努力，找出一個面對它的方法。既然你短期內不可能到美國讀書，對你不喜歡的數學、物理，逃避只會把你推離目標越來越遠。

我想你的英文程度應該早就超越學測指考的標準，你們的交情已經好到它不會跑掉了，我認為你反而應該暫時減少聯絡，只要「定期問候」，當作繁重課業中的休息，確定考試時，它會表現出該有的實力就好。

我建議你，如果父母同意，找一個好的家教老師來協助你，共同討論出一個數理學習策略，然後跟其他科目做一個最有效率的時間分配。

倘若這個方法有困難，你也可以去找學校的數理老師，誠懇的說出你的困擾，請老師指點你一個可以執行的方向。多數老師都會很樂意協助有心學習的學生；有經驗的老師看過各種程度的學生，絕對可以循經驗法則，提供你意見。

或者，找一個數學好，但對英文比較不拿手的同學，組成互補的讀書小組，互相幫忙。

當自己改變態度，人生風景截然不同

數理科是對思考和解決問題能力最好的訓練。即使有點辛苦，即使表現不如期待，我希望你每天在處理相關課業告一段落後，不管你懂不懂，成不成功，都很誠心的，帶著感謝的心情抱著你的數理課本，對它說：「謝謝你磨練了我的頭腦。我很努力想認識你，請你也盡快對我敞開胸懷！」

我相信很快你就會發現，原來你自己改變態度，困難可以不是困擾，人生風景

就大不相同。

我自認對我兩個孩子在學習上最大、最好的影響，是不論考好、考壞，他們都不會討厭、害怕任何一個科目。

我讓他們明白，學問就在那裡，它不會打擊你，也不會迫害你，端看你自己有多少本事學多少，拿多少走。成績是參考，不用跟別人比較，每天以超越昨天的自己為目標就好了！

學著從別人的角度來看待事情

我相信你的父母不讓你出國，必然有他們的理由。你已經夠大了，要開始學著也從別人的角度來看事情。

未成年的孩子出國讀書，費用非常高，對多數家庭都是不小的負擔，對家庭關係的考驗也很大。此外，你只看到在美求學的好處，其實還有很多你不知道的適應、認同、安全和同儕霸凌等問題。

沒有人能時時都擁有自己想要的最佳環境與條件，很多時候是要靠自己努力去創造出來。大學期間，轉學國外大學，或是研究所階段再出國，都是不遠的未來，你可以有的選項。你還是可以繼續做你的美國夢，但請你先努力拚過眼前這一年，向你自己，也向你的父母證明，你有駕馭自我，朝目標挺進的堅持與能力。

考上大學以後，你將更有自由與能力，為自己做安排與選擇。

孩・子・可・以・這・樣・做：

1 先試著轉變想法，把「對你很好」、「跟你相處愉快」，短時間也不會「背叛」你的好朋友「英文」，先放在一邊。

2 找一個好的家教老師，共同討論出一個數理學習策略，然後跟其他科目做一個最有效率的時間分配。

3 找學校的數理老師，誠懇的說出你的困擾，請老師指點你一個可以執行的方向。多數老師都會樂意協助有心學習的學生。

4 找一個數學好，但對英文比較不拿手的同學，組成互補的讀書小組，互相幫忙。

5 學著從別人的角度看事情，也許父母對於出國讀書有不同的考量。請先努力拚過眼前這一年，向你自己，也向父母證明，你有朝目標挺進的能力。

我的人際關係不太好……

Q

我現在高三，爸媽工作很忙，都沒時間理我，每次看到我只會叫我讀書，但我最近有些煩惱，不知道怎麼辦！

我在班上成績普通，七月就要考試了。我想要衝刺，但就是沒有動力念書。請問我該怎麼提振我的精神和衝勁？

我的人際關係好像不大好，近幾個月來，有人亂傳、扭曲我說的話，我的好朋友們因此不理我，我很努力的跟他們道歉，得到諒解。唯獨一個跟我最好的朋友，到現在還是會覺得尷尬。我要怎樣做，才能讓這樣的尷尬不見呢？

還有一些大大小小的誤會，讓班上某些同學也生我的氣，原因我不太清楚。現在的我，變得不喜歡學校，也不太信任朋友說的話，負面情緒一直出現在腦海裡面。我該怎麼樣，才能修補關係？要怎麼做一個人人都愛的人？

A

你的問題主要有兩個：如何提升念書動力和改善人際關係，可是你原本的整封信都在談朋友生氣、不理你的事件、細節，看來真的無心讀書喔！

你這個年紀，開始要學獨立，也正是從人與人的相處中，建立自我認知與應對技巧的階段，會有很多困擾和苦惱是正常的。從這些大小困擾和苦惱，你必須學會用心觀察和整理一件事的發生始末，分析原因並檢討修正。假以時日，你就會找出自己最理想的處理方式。

人際關係，必須「終身學習」

人際關係是很困難的，進退之間，牽涉到自己人生不同階段的角色和來自不同環境和觀念的人，所以必須「終身學習」。

比方，一個人進入職場，就得學著跟上司和同事相處，這是和家庭學校截然不同的環境。婚後，就得學習和來自不同背景的人建立親密的生活關係，還必須適應和另一半的親友相處。生了孩子，處理親子關係也得要學。

即使老了，還是會持續進入某種人際關係的「新鮮人」狀態，只不過我們希望隨著年紀增長，所累積的生活經驗能幫助我們。在一次又一次的檢討修正中，學會比較圓融的處理技巧。

我們看到很多做人「成功」的人，並不是天生就知道該怎麼做，而是懂得用心，從觀察中仿效，從經驗中記取教訓，並自我改進。

要懂得分辨是非好壞

關於人際關係，第一就是要懂得分辨是非好壞。青少年都希望得到同儕認可，但自己也要學會判斷，不能因為朋友們都要做的事情，就非配合不可。

比方朋友要你去飆車、抽菸、賭博，你很容易知道這些事不應該做，但若朋友要你也去網路圍剿某人（網路霸凌），這一類灰色地帶的事情，你或許會基於義氣或討好，毫無警惕的就參與了。

即使父母很忙，當你有問題時，一定要找機會向他們求援，我相信他們若知道你有困擾，絕對願意抽空，協助你解決。

師長父母的意見通常值得參考……他們不一定是對的，有時基於保護你的心情，大人們可能太急切武斷，不過當有與你不同的看法出現，就是你需要仔細思考正反意見，從中學會判斷力的時候。

倘若是損友，他們的認同不要也罷。你必須要懂得保護自己，退出這樣的圈子，絕不可以為了討好朋友就道歉、盲從。

學會自我檢討

假使你覺得朋友們的言行、想法沒什麼問題，你卻又「不知道為什麼」有人不喜歡你或討厭你，第二件該學會的事是「自我檢討」。

很多人在碰到問題的時候，不是自怨自憐，就是怪別人。其實問題和狀況的出現，是一個人自我改善的最佳契機，只有你能為自己的快樂負責。

通常年紀越大，只有從家人、最要好的朋友或敵人，你才聽得到真話，因此對「批評」更要珍惜。

你或許會覺得大人們「很假」，大家見面都互誇年輕、漂亮，盡講些虛偽的場面話，其實那是因為多數人在入社會歷練後，會發現沒人愛聽直言批評，為了少給自己惹麻煩，就只講場面話。

有些人會選擇忠於自我，那就要自我調適，不能太在意別人的意見、看法。不過如果你很在乎人際關係，那就要記得「禍從口出」——今天的朋友，也可能是明天的敵人，只有熟悉、親近你的人才有機會「出賣」你，所以任何發言都務必謹慎。

批評別人很容易，要自我檢討卻很難。受歡迎的人通常很謙虛、懂得欣賞別人的優點，也不會未經審慎評估思索就講別人的事。

年輕人在學習過程中難免不順利或犯錯，如果檢討過後，覺得自己真有該改進之處，想要化解尷尬，就要有勇氣向對方承認錯誤並道歉。

如果是中間有別人造成的誤會，不妨大方的當面說明，即使不是你的錯，也可以為「這樣的誤會，造成對方的困擾」表示歉意，因為透過中間人和傳話，常常會造成更多問題。

不管當下對方能不能諒解，只要你保持誠懇的態度，不要只學看似長袖善舞卻不誠懇的表面功夫，你的人緣一定會逐漸改善。

「做一個人人都愛的人」是不切實際的目標

在人際關係上，把「做一個人人都愛的人」設訂為目標是不切實際的。世界上沒有一個人可以做到「人見人愛」……漂亮又有實力的大明星，如安海瑟薇，或是EQ高如林志玲，也會有不喜歡她們的人，所以我們不可能取悅每一個人。

現階段對你似乎無比重要的同學、朋友，在畢業之後，如不刻意保持聯繫，有可能你一輩子都不會再見到這些人。若為了這樣的人，影響心情、作息，甚至考試結果，未免太不值得，所以，能行正坐端，問心無愧、勉力而為就好了！我倒覺得，在你這樣的年紀，建立自信是很重要的，你才不會人云亦云，忙著討好別人。

不論是讀書或學得一技之長，好好充實自己，生活有方向、有目標，這些都是建立自信的方法，再加上虛心的以誠待人，你自然會贏得別人的尊重與喜愛。所以請你記得，眼前對你來說，衝刺指考攸關你的前途，可比傷腦筋怎樣能做到「人見人愛」重要多了！

孩・子・可・以・這・樣・做：

1 關於人際關係，第一，要懂得分辨是非好壞，比方朋友要你去飆車、賭博，你知道這些事不該做，但若朋友要你去網路圍剿某人（網路霸凌），這一類灰色地帶的事，你或許會基於義氣或討好，毫無警惕就參與了。務必要提高警覺。

2 當你有問題時，一定要向父母求援。他們絕對願意抽空，協助你解決。

3 假使朋友們的言行、想法沒什麼問題，你卻「不知道為什麼」有人不喜歡你或討厭你，第二件該學會的事是「自我檢討」。

4如果檢討後，自己真有該改進之處，就要向對方承認錯誤並道歉。

5如果中間有別人造成誤會，不妨為「這樣的誤會，造成對方的困擾」表示歉意，因為透過中間人和傳話，常會造成更多問題。

6把「做一個人人都愛的人」訂為目標是不切實際的。因為我們不可能取悅每一個人。不妨建立自信，才不會人云亦云，整天忙著討好別人。

爸爸媽媽管太嚴？

Q

從國中到現在高一，爸媽管我管得非常嚴，他們總認為出去是危險的，所以很少讓我出去。我出去必須經過他們同意，還要把出去的時間、地點、幾個人，還有朋友電話通通都給他們。

從小到大，爸媽都是權威式教育，很多事都用威脅的，像我玩電腦不下來，他們就把網路線關掉；我出去一定要跟他們說，否則就是一陣罵，甚至不再讓我出門！

但是，有時我真的不想要聽他們的話，我真的很想跟朋友們一起出去走走玩玩。我該怎麼辦？因為我是女孩子嗎？我不敢跟他們溝通，因為他們總認為自己是對的……我這樣還是不是一個聽話的小孩？

A

我也覺得妳爸爸媽媽很嚴格！妳已經上高中，正是開始要交朋友的時候了，運氣好的話，還可能結交到一輩子相互照顧、扶持的人生好夥伴呢！

妳當然還是個聽話的好孩子，因為即使妳對父母的管教方式滿腹牢騷，妳還是不敢反抗和表達意見。但青春不該留白，到底該怎麼做，才能讓爸媽不要把妳當成小小孩一樣，管這麼多呢？

想對策之前，一定要知己知彼。讓我先猜想一下，如果妳的母親也正因此事煩惱而寫信給我，她會怎麼說？

女兒上高一了，外表已經像個大學生，同學間的各類活動也越來越多，但她從小在我們的保護下成長，總覺得她心智、想法不夠成熟，不大會篩選、判別朋友好壞，讓我很不放心，光連上網整晚我提醒她好幾次，她都當耳邊風。我怕她太晚睡，只好把網路線拔掉，強制她下線。

最近常有同學約她出去玩，由於她上高中交的新朋友我們都不認識，是男生、女生、什麼來歷，我們也搞不清楚，於是爸爸和我要求她把時間、地點、幾人，還有朋友電話都給我們，她卻抱怨沒有同學的爸媽管這麼多！有一次，甚至沒跟我們說就跑出去，害我們擔心死了。我只好唸她一頓，更嚴格限制她出門。不過我想，她心裡一定為此很不痛快。

我也知道孩子長大該開始建立自己的人際網絡，但社會新聞常常不是少女被網友騙或傷害，就是夜店撿屍、飆車車禍……等等，我就怕孩子跟著起舞，不會拒絕，不懂得拿捏分寸，自我保護，因為女孩子萬一受到傷害，將是一輩子難以彌補的痛和陰影。我該如何讓女兒了解父母的苦心？該如何判斷孩子已夠成熟，可以放手？

女兒的角度VS.媽媽的角度

看完以後，不知道妳有沒有覺得，明明是同樣一件事，為什麼從不一樣的立場和角色來說，感受就完全不同？父母想要保護孩子是天性。這種心情，還真的要等妳親身經歷，才有辦法體會。

首先，我為妳慶幸，妳有好愛妳的父母，就是因為他們太在乎妳，才會如此嚴格，想要保護妳。對妳這樣年紀的年輕人來說，世界上有好多新鮮事物等著妳去探索，但在妳這個半大不小的年紀，他們無法確定妳已經學會保護自己、能夠應付各種突發惡意的狀況。

有著豐富歷練的父母，知道社會險惡，人心難測，知道妳每離開他們的視線，就有潛在未知的風險。因為太擔心，他們選擇把情勢掌控在他們確定安全的情況下，於是讓妳覺得他們權威、管太嚴。

學習回頭思考，父母管太嚴的背後用意

妳會有想要掙脫、想要自主的心情也是很自然的，因為現在的妳，正需要從家庭的羽翼下伸出觸角，去認識這個世界，為妳的成年獨立做各種準備。

對於這樣的發展，有些忙碌或保護心太重的父母，不見得會比孩子先做好心理和行動上的準備，他們也需要學習和適應。

若妳對父母的用意不加思考，純以自己的意願去衝撞，就變成了一般沒有心理準備的父母口中「莫名其妙」就變不聽話，開始「叛逆」的孩子。

循序漸進，讓父母相信自己能保護自己

如果妳希望「和平」解套，我認為最重要的關鍵在於，妳必須讓父母相信，妳有能力判別對錯好壞，夠誠實可靠，也夠成熟，能為自己的安全負責。

不過請妳記得，妳不是一天就長大成年，所以爭取獨立自主的過程，也得循序

漸進。就像電腦遊戲過關，妳需要逐步強化自己的裝備，才有能力去面對各種進階狀況，並確保自己不受傷害。

如果妳覺得大人們未免太大驚小怪，其實妳懂得夠多，也已經有能力判斷，那就表示妳真的還沒準備好。想想看，如果知道素未謀面，但早已在網路上聊得麻吉的網友是壞人，社會案件中的被害少女還會傻傻的瞞著父母去赴約嗎？

成熟的表現就是，妳真的理解外頭有很多妳無法預期的危險，了解只有父母才是妳真正可以信任的人。成人當然也會受騙，只是相較之下，社會經驗多的大人有些經驗值可以參考，也比較清楚自我保護的方法。

敬呈「安全保證企劃書」

妳應該多和父母聊妳的同學、朋友，讓他們平時就可以累積對這些人的印象和熟悉度。有機會的話，也可以邀朋友來家裡玩，讓妳的父母觀察他們，幫助妳做篩選、判斷。

如果父母對某些妳很喜歡的朋友有意見，也請妳認真參考他們的理由。從中，妳可以學到識人的能力。逐漸的，妳就會知道，哪些朋友能讓妳的父母感到信任或放心，妳就從參與這些朋友的活動邀約開始。妳可以找爸媽心情好的時間坐下來談，或用寫信的方式，向他們「敬呈」妳的「安全保證企劃書」。

清楚交代時間、地點、參加成員和聯絡電話，是妳贏得父母信任的第一步。對父母來說，這個要求的邏輯很簡單——如果妳的朋友和場所很安全，你們的活動也很健康，應該沒什麼不能說的吧？

我女兒高中的時候，我很信任她，也很少干涉她跟什麼朋友在一起，但若她要和朋友出門，她一定要告訴我去哪裡，和預計回家的時間。我也會要求她把同行朋友的名字和電話寫在便利貼上，貼在她的電腦上面。

不過我一開始就答應她，除非必要，我絕不會白目打電話「騷擾」她的同學（事實證明我的確從沒有這麼做過）；我開玩笑跟她說，我的目的絕不是要監控她，而是萬一突然彗星來撞地球需立即逃難的話，我要知道去哪裡找她，因為電影都是這樣演的！

用行動證明自己負責、誠實且守諾

贏得父母信任的第二步，是妳要負責、誠實且守諾。妳要讓父母清楚知道，為了出去玩，妳已經有計畫的安排好妳的課業和該做的事情。還有，人生有很多事不見得越早體驗越好，如果是父母不放心的活動，寧可忍痛放棄，期待下一次的機會，絕不要冀望，可以欺騙、瞞混過去，因為只要被抓包一次，就會毀掉妳累積的信用。

答應幾點回家，就要遵守，盡量避免臨時延後時間的情況，用行動證明自己說話算話、值得信賴。

我相信，只要幾次下來，妳都表現優良，妳的爸爸媽媽就會慢慢解除對妳的約束！

孩・子・可・以・這・樣・做：

1父母想保護孩子是天性，請從父母的立場去思考，他們管太嚴的原因。

2讓父母相信，自己有能力判別對錯，夠誠實、成熟，能為自己的安全負責。

3多和父母聊自己的同學、朋友，讓父母平時就可以累積對這些人的印象和熟悉度。也可以邀朋友來家裡玩，讓父母觀察他們，幫助自己做篩選、判斷。

4如果父母對某些朋友有意見，也請認真參考他們的理由。從中，可以學到識人的能力。

5與朋友外出，清楚交代時間、地點、參加成員和聯絡電話，是贏得父母信任的第一步。

6找爸媽心情好的時間坐下來談，或用寫信的方式，向他們「敬呈」「安全保證企劃書」。

7答應幾點回家，就要遵守，盡量避免臨時延後時間的情況，用行動證明自己說話算話、值得信賴。

我不想參加指考……

Q

我是高三生，學測快到了，隨著時間的倒數，我以為我會很緊張，但卻沒有。我一樣過著不像高三生該有的生活——讀書睡覺、讀書睡覺——反而滿逍遙、輕鬆。

我以前很嚮往的科系，現在卻不能引起我的興趣，讓我很茫然。找不到我要的科系、找不到我要的衝勁，只是過著考試又是考試的生活，我麻木了，不但覺得考試無趣，也漸漸的失去對成績的好勝心。

現在的我只想趕快結束學測，更不想參加指考！請問，我怎麼了？

A

在對未來充滿不確定性的壓力下，經歷了好一段時間每天「讀書配考試」的操兵演練，過著枯燥乏味的生活，一定會疲累厭倦，只要是人都會想要逃離！所以請你不要擔心，你的麻木、茫然一點也不奇怪。

其實你現在距離學測考試已經非常近了，你的實力在學測能有的表現大概已經底定，這段時間最大的影響，反而可能是情緒不夠穩定造成的表現失常。

往好處想，你現在還能輕鬆、逍遙的隨著時間逝去，往目標推進，維持正常的作息，總比有些人因緊張、憂慮，導致失眠或病痛好多了。

訂下新目標

以你的年紀和經歷，不知道自己的興趣、志向在哪裡，或對未來感到茫然，其實是很自然的。

很多孩子自以為對某些科系有興趣，進去讀了以後，才發現跟自己想像的完全不同，因此高中畢業之後幾年，脫離制式化的學習環境，加上你更加成熟、開闊，才是摸索出人生方向最重要的關鍵時機。

眼前你覺得沒有嚮往的科系、沒有目標，所以找不到衝刺的動力，但我希望你好好為自己打氣，不妨把「拚出理想成績，好為自己爭取最有利的學習環境」作為目標。

大學就像人生階段的一個觀景高台

高中畢業的感覺，就好比你在父母的陪伴下爬山，有一天你發現自己糊裡糊塗的和一大群人來到一個眺望點，這時，父母無法再幫你安排，指引道路，周遭的人也和你一樣茫然，不知道該往何處去。

眺望點有個高台，並不寬敞，只有部分證明自己能力的人有機會站上去。理想的大學就像這個高台。如果你得以站上高台，你或許還不知道你站上去能看到、學到什麼，但好的學校環境可以提供你開闊的視野與充足的資源，讓你結交值得學習和相互扶持的好朋友，幫助你，決定你要如何繼續走下去。

想想看，眼前的衝刺，再怎麼辛苦、無聊，也不過一個月不到的時間，卻可能幫助你，爭取到足以影響你一生，更好的環境和機會；你現在持續的努力，成果也將在你萬一需要考指考時呈現出來。

請不要小看指考提供這第二次機會的意義。指考的能力鑑別度高於學測，很多在學測沒有表現出實力的人，都是靠指考進入符合自己程度和理想的校系。

只要做了選擇，就要全力衝刺

人生每個階段的努力，不見得一定能或要得什麼樣的成績，但起碼可以求得無憾。人生的路很開闊，當然不是只有讀書才有前途，但既然已經選擇走了這條路，就要盡自己最大的能力，做好它。

萬一學測表現不理想，能咬緊牙根，拚到指考，不論成績終究如何，至少證明這個人有能力承認與面對失敗、不怕辛苦的繼續努力。

學歷不代表一切，也不是萬靈丹，但說學歷無用是不正確的，因為如果學歷真的無用，就不會有這麼多人持續拚命的爭取。

在以前一試定江山的時代，很多人落榜，或考進不理想的學校，也只能隔年重考。一年的時間和努力，如果成功，換得更好的學歷，畢業五年、十年以後，社會上只看你從哪個校系畢業，沒人會管你有沒有重考過。

現在的兩次考試雖然很折磨人，卻也比較人性化的在幾個月內提供了珍貴的第二次機會，在學測沒表現出實力的同學，更應該好好把握！

讀書疲憊時，不妨做半小時的運動

請務必要把腦袋的雜念放空，不要想東想西，不管成效如何，每天就「傻傻的」跟著學校的進度複習演練。

不想念書的時候，找個在時間、空間或器材上方便的運動，做半小時，流點汗，不但可以讓你精神、體力更好，也可以讓你心情愉快。至於要不要參加指考，現在根本不必考慮，一切等拚完學測再說！

孩・子・可・以・這・樣・做：

1 以你的年紀和經歷，不知道自己的興趣、志向在哪裡，或對未來感到茫然，其實是很自然的。

2 若覺得沒有嚮往的科系、沒有目標，所以找不到衝刺的動力，不妨把「拚出理想成績，好為自己爭取最有利的學習環境」作為目標。

3 理想的大學就像高台，提供開闊的視野與充足的資源，讓你結交值得學習和相互扶持的好朋友，幫助你，決定你要如何繼續走下去。

4 請把腦袋的雜念放空，不管成效如何，每天就「傻傻的」跟著學校的進度複習、演練。

5 不想念書時，找個在時間、空間或器材上方便的運動，做半小時，流點汗，不但可以精神、體力更好，也可以心情愉快。

我該轉哪一科？

Q

梁阿姨，您好！我現在高一，明年準備參加轉學考，因為我選到一間風評不大好，學生素質也不佳，環境更是糟糕的學校。

有些老師根本是去學校混的，上課居然只唸課文，完全沒有抄寫任何筆記在黑板上，或發講義給我們，幫助學習。而且我們班有些同學上課時，不知道為什麼，一定要很吵鬧，這樣大家上課情緒就會受影響、會分心。老師講他們，他們也不聽，完全不知該自我反省。

我明年考慮轉應用外語科或美工科，可是我不知道應該選哪一科才好。英文是我最喜歡，也是最拿手的科目，但我也很喜歡畫畫，像是漫畫。請問我該怎麼選擇呢？

A 對於學習環境和狀況不佳，你才高一，就能找出原因並理性面對，也已著手準備解決問題的方法，真的非常好。

拜託老師，另外給你資料或資訊

有些孩子不知道自己想要什麼，對學習沒興趣，自己不想上課，還擾亂別人，弄得大家都浪費時間。雖然有些老師的確不夠專業或敬業，但卻有不少老師是因為長期面對無心學習的學生，而失去教學熱情。

如果你覺得有些老師其實可以教你更多，不妨拜託老師，另外給你一些資料或資訊，請務必要讓老師知道，還是有像你一樣有心學習的學生！老師跟學生一樣，都需要鼓勵。

準備資料，自己讀，也訓練定力

在你還沒離開這個環境前，如果上課狀況還是常常這麼糟糕，我希望你能為自己想想辦法，利用這些時間，比方準備一些課業資料或英文單字表。當同學們在吵鬧時，自己讀，因為一個人最珍貴的資產就是「時間」。大家被迫關在一個環境中浪費青春，上學只剩下「用時間換學歷」的目的，真的好可惜。

我非常喜歡自以為「八風吹不動」的蘇東坡，被好友佛印「一屁打過江」的有趣故事，其實環境的影響可大可小，定力要求諸於自己的內心。定力是可以訓練的，這樣的定力將能幫助你，從不太理想的環境中脫穎而出。

技能為主，外語為輔

拿手或喜歡的事，不見得最適合拿來當工作。主修科目的選擇，還是要看你期待自己畢業後第一份工作是什麼。

如果你想從事的工作，需要對某種語言十分擅長，像是當語言教師、從事文字工作、貿易外商祕書、翻譯……等等，應用外語系當然很適合。不過除了這一類的專業以外，現在的社會對語言能力的定義比較像是對一種「工具」的使用能力。

有能力使用的人非常多，熟悉多國語言的也大有人在，因此除非你真的十分專精，否則很難光靠語言能力勝出。

語言之外，現在很多年輕人很厲害，從小就很會利用時間認真學習，十八般武藝，樣樣精通，因此跨界整合的能力已成人才趨勢。如果做得到，學校的學習，最好能選擇難以跨行，或出社會以後很難學到的知識技能。

舉例來說，一個人如果不進醫學院，幾乎沒有辦法可以成為醫生，但不管任何科系畢業的人，只要文字能力夠好，都可以寫作。

語言能力比較有機會在學校外學習，也可以靠自己進修，是屬於跨行門檻較低的能力，以你所舉的美工來比較，後者在技能性上跨行門檻就高一些。如果你能以習得某種扎實的技能為主，再自己好好加強外語能力，在職場上就有加乘的效果。

當然，時代一直在改變，行行出狀元，不論哪種選擇，還是要靠自己持續不斷的努力，才會有最好的發展！所以，加油囉！

孩・子・可・以・這・樣・做：

1 如果覺得有些老師可以教你更多，不妨拜託老師，另外給你一些資料或資訊。

2 如果上課狀況還是這麼糟糕，不妨利用這些時間，比方準備課業資料或英文單字表，自己讀，也訓練自己的定力。

3拿手或喜歡的事，不見得最適合拿來當工作。如果能以習得某種扎實的技能為主，再加強外語能力，在職場上就有加乘的效果。

有天才兄姊，我該怎麼辦？

Q

我今年國三，很快要基測了。我在家排行老么，哥哥就讀第一志願高中的科學班，姊姊是明星女中數理資優班的學生，他們兩人成績都很優異！最近父母對我說，我基測一定要考上第一志願，否則他們絕對會不理我。

我從他們的語氣中聽不出任何一點開玩笑的味道，但我的成績並沒有這麼好。我有跟父母反映，但他們就是不聽，都說那是你自己的事，你自己要處理！請問我該怎麼辦才好？

A

手心、手背都是父母的心頭肉，考不上第一志願，又不是滔天大錯，你的父母絕對不可能因此不理你。我猜，這應該是他們的激將法吧！

自我檢視課業問題

從你哥哥、姊姊的表現，任何人，包括你的父母，都會覺得你一定也具備了進入好學校的先天條件，因而對你有著高標的期待。不知道你有沒有認真的自我檢視過，你對自己的表現滿意嗎？成績不符爸爸媽媽的理想，原因是在於你能力不足？還是努力不夠？

像你這種年紀的孩子，每天被考試和補習壓得喘不過氣，或許常常會有「不知道為什麼要這麼辛苦讀書」的疑惑。人生當然不是只有讀書而已，書讀得好的人，也不一定將來就會成功，但好的學歷的確是爭取較好工作職位和社會資源的條件，通常也證明了一個人有認真努力的態度。

不少從小到大一帆風順的人，因為成功來得太容易，會誤以為很多事是「應該的」。這樣的心態，不僅是小孩子，大人也一樣會有，你的父母或許就是如此。以你的情況，可能不只來自父母的壓力，甚至會常有熱心親友「關切」。

有智慧的資優媽媽

一位很有智慧的「資優」媽媽說（大女兒在資優班，次女沒考進去），小女兒成長過程中遇到太多「妳姊姊是資優生，妳的成績一定很好」之類的關心。她教女兒回答：「手指頭都不一樣長，但各有各的用處！」

關於「資優」，如果沒有正確的觀念，萬一日後發展不順遂，「資優」這個標籤，甚至會成為親子一輩子的痛苦和壓力源。

人生到死之前都是「進行式」。一個階段的成果，絕不代表一個人一生的功過成敗。「資優」在考試、求學方面或許很吃香，在職場和人生卻不保證成功；每一個人，都必須樂觀、積極的持續努力。

好的學校，就像岸上的制高點

我覺得人生很像衝浪，為了迎向人生每一階段的大浪，每個人都必須趴在衝浪板上，穿過一波又一波的小浪，奮力向前划，只求機會來時，能完美的御浪而行，為自己留下一個漂亮的身影。

你人生的第一個大浪即將襲來，現在的你，身在海中，或許很疲憊，對自己也沒信心，不過請你記得，好的學校就像你回到岸上的制高點，讓你可以有更好的條件，學習觀察浪形和氣候，為自己的下一步做規畫。

盡全力是為讓自己無憾

我希望你明白，你用功讀書是為了磨練自己的能力，考進好學校是為你自己的前途鋪路，而不是為了滿足父母的期待。盡全力是要讓自己無憾，如果你能有這種態度和衝勁，即使沒考上第一志願，你也已經具備了未來在社會上成功的特質。

當然，任何事情在結果尚未出爐之前，還有很多變數，誰也不能論定。你比許多人都幸運，當別人拚命花錢，也不一定請得到好老師來教，你家裡卻有兩個最好的家教，怎能不好好把握！

在這基測即將來臨前的幾個月，我認為你應該放開雜念和無謂的擔憂，專心、盡全力一搏，說不定這最後的衝刺就會是推你一把的助力。

孩‧子‧可‧以‧這‧樣‧做：

1請認真的檢視，你對自己的表現滿意嗎？成績不符爸爸媽媽的理想，是你能力不足？還是努力不夠？

2人生很像衝浪，好的學校就像回到岸上的制高點，你可以有更好的條件，為自己的下一步做規畫。

3考進好學校是為你自己的前途鋪路，而不是為滿足父母的期待。盡全力是要讓自己無憾，如果你有這種態度，即使沒考上第一志願，也已具備未來在社會上成功的特質。

4當別人花錢，也不一定請到好老師，你卻有兩個最好的家教。在這基測即將來臨前的幾個月，不妨專心、盡全力一搏。

課業與人際，都讓我頭痛……

Q

我是一個護理系的大學生，但是我讀得很不適應，功課一塌糊塗，人際關係也有點糟糕。我現在好像騎虎難下，不知道該怎麼辦！可以請您針對我的課業，還有人際關係做一個完整的回答嗎？謝謝您的解答喔！

A

雖然你自覺無助，不知該怎麼辦，但其實你問了一個很好的問題：課業與人際關係，我認為是所有大學生都應該關切和思考的。

讀書以外，人生還有很多能力需要學習

高中以下，努力追求最好成績或許是一個學生最重要的目標，但大學以後，學習的面向應該大幅開展。讀書以外，人生其實還有很多能力需要學習。

當你碰到困難或瓶頸，自己思索、向人請教、多方蒐集資訊，對於改善現況都是很好的開始。

人生很有趣，在你成長的過程中，看起來令人羨慕的「一帆風順」如果只是因為運氣好，其實並未經過思考、計畫和準備，將來回頭再看，往往不見得是好事。

太過平順的求學歷程，有時會使一些問題無法突顯、沒有辦法藉機修正，甚至可能因此錯估了自己的能力與實力。

失敗和挫折反而可以讓我們從磨練中成長，並更加了解自己；如果你仔細觀察你覺得成功或值得學習的人，你會發現他們多半具備一種特質，那就是從失敗或錯誤中反省、學習和自我成長的能力。

幾種不同的選擇評估

美國許多大學都是到大三，才需要決定自己的主修科系。相較之下，國內大學入學就定科系的方式，就顯得不夠合情合理，因為多數孩子在進大學之前，都還

不清楚自己的志向和興趣在哪裡。

當你覺得對目前的科系沒興趣或不適應，在保持「取得大學學位」這個目標不變的情況下，你有幾個選擇：轉系、降轉或轉學。

如果無法離開目前的科系（通常是因為成績不夠好），增加你較感興趣的副修課程或輔系（這意味著更繁重的課業），則是另一種可能的選擇。

但是，你有沒有發現，前面所列的選項都有一個前提，那就是你的成績必須要夠好，不然就是得更認真讀書。那我們是否又繞回原來的困境——就是因為讀不好，才需要解決問題啊！

所以，如果你還在大一、大二，當你發現自己不適合，你就該有所計畫的咬緊牙關，為自己拚得盡快得以改變環境的籌碼（好成績）；如果你已經大三、大四，那你更應該竭盡所能，把成績拚過關，順利畢業後，再轉往你有興趣的方向發展。

學習和工作，原本就有許多困難和壓力需要克服

但下一個問題是，你確知你真正的興趣在哪裡嗎？你轉換環境後，一定就可以如魚得水嗎？

能夠從事或學習自己有興趣的事是非常幸福的，不過當興趣成了工作，有了壓力，你還會覺得喜歡或快樂嗎？那就不一定了。多數的學習和工作，都有困難和壓力需要克服。

因此，從這一點我希望你了解：除了少數的天才，書讀得好不好，不見得代表一個人聰不聰明，而是反映出一個人對事、做事的態度與執行力，尤其到了大學階段，身旁同學已經過考試重組，他們的學習能力與程度和你並不會有太大幅的落差。

當你身陷困境，現實世界的解決方法不是有個超人或哆啦A夢來改變你的現況，而是得靠自己更加努力來突破困境。成績好或是工作順利的人不一定都樂在其中，很可能只是因為他們具備克服困難、面對挑戰的能力。

主動學習，運用資源，增加自己的能力

對多數家庭經濟資源不多的學生來說，大學科系的選擇，常常必須把一些現實因素列入考慮，例如就業難易度。

我個人認為，護理是非常實用的專業技能，護理工作雖然辛苦，但在很多移民法嚴苛的歐美國家，護理人員是優先核准的專業人士，由此可知越發達的國家社

會需求越多，在未來職場上是相當有發展性的。

你所就讀的科系，提供你這項專業能力的基礎，但相關行業還是可以有很多不同方向的發展，這就要靠你自己去了解自己的興趣和能力，努力充實，加以結合，為自己創造出更寬廣的路，和更多的可能性。

大學的學習跟高中以下在教室內的被動學習不同，必須學會主動運用學校，甚至校外的資源，這些都是獨立研究能力的訓練。

比方，你可以鼓起勇氣去請助教或教授指點，也可以找學長姊或同學協助，這些則是資源和人脈運用的學習，也是人際關係的訓練。

觀察身邊的人，學習人際技巧

人際關係的確是很重要的能力，不過你不需要太難過，因為這件事情的難度遠大於讀書，並不是光靠單方面的努力，就一定可以達到你的期望，所以大多數的人終其一生都在學習。

人與人的相處是互相的，當你喜歡或討厭一個人，對方很容易感受到，所以我想最要緊的，就是做人要誠懇、實在，又不小器、計較，並學會欣賞、體貼別人。

說話與應對的能力可以學習。最簡單的方法，就是從觀察身邊的人開始。

當你覺得你很喜歡某一個生活周遭的人，想想他為什麼讓你感覺很好。是因為他的笑容？禮貌？講話的內容？還是什麼？什麼樣的人讓你覺得不喜歡，不想跟他相處？當別人稱讚你什麼，讓你聽了很開心，但你卻一點也不覺得他虛偽、噁心，或是別人怎樣自以為幽默的開玩笑，卻讓你很受傷，就記下來他是怎麼說的，然後思索我們能如何學習應用或改進。

其實從日常生活，你就可以觀察到很多案例，學到不少技巧。坊間有一些口碑不錯的人際關係訓練營隊，你可以考慮參加，或是買相關書籍來讀。不要貪心，想整本書拿來運用，一開始先找幾項你覺得不錯的方法或建議來練習和執行就好，循序漸進。

如果你自覺口齒表達方面實在不拿手，可以先從練習「聆聽」和關懷別人開始，因為懂得付出、不自我的人最容易贏得友情。有些人自以為長袖善舞，口才便給，但汲營自私，油腔滑調的表面功夫，很容易被看破手腳。

當有人正面指正你，或背後批評你，要先放下生氣、排斥或被冤枉的感受，虛心接受，好好省思。很多時候，敵人或不友善的人，才是幫助我們改善缺點的最佳明鏡。

孩子可以這樣做：

1 如果對目前的科系沒興趣或不適應，在保持「取得大學學位」這個目標不變的情況下，有幾個選擇：轉系、降轉或轉學。

2 如果無法離開目前的科系，增加自己較感興趣的副修課程或輔系，則是另一種選擇。

3 護理是非常實用的專業，相關行業可以有很多不同方向的發展，但必須靠自己去了解自己的興趣和能力，加以結合。

4 學習上有困難，可以請助教或教授指點，或找學長姊、同學協助，這些是資源和人脈運用的學習，也是人際關係的訓練。

5 從日常生活能觀察到很多案例，學到技巧。也可以考慮參加人際關係訓練營隊，或買相關書籍來讀。

6 如果自覺口齒表達不拿手，可以先從練習「聆聽」和關懷別人開始。

怎麼跟媽媽談心？

Q

我目前高二，母親四十出頭，我從小就喜歡和家人分享事情、聊天，但是媽媽因為經常在忙，所以很少有機會可以和她分享。

每當我看到她有空的時候，就會和她聊學校和生活上的事，雖然她有時會開心的回應我，或是提供意見，但這機會真的是少之又少。

從小我就會覺得為什麼我們家和別人家不一樣，為什麼別人家的媽媽都會一直問小孩在學校發生的事情，都會很盡心的想了解，而我們家的媽媽卻從來沒有主動問過我們任何事情。也因為這樣，導致我的姊姊如果不是非通知不可的事，也就沒什麼和媽媽聊天。我從小就嘗試過要和媽媽談心，卻總是失敗。

如果我問媽媽為什麼，她總是避之不談，讓我束手無策。她是那種把事情隱瞞在心裡的人，有時連爸爸也不知道她在想什麼，我很擔心我們之間的距離會越來越遠，我真的

很想知道該怎麼辦才好……

A

妳的問題，是我截至目前為止收到的來信提問中，最特別的一個。關於親子關係的種種困擾，一般青少年期的孩子，心裡想的多半只有自己，很少像妳這樣會去關心別人。

以妳的年紀，能對周遭的環境與人有相當成熟的觀察力，也願意去了解媽媽的內心世界，表示妳具有相當大的關懷能量，真不簡單。我相信不少媽媽讀者一定跟我一樣，很羨慕妳母親能有這麼貼心的女兒！

傳達心意的小技巧

妳媽媽的情況，有可能是工作壓力大，真的很忙。回家時，人一放鬆就感到身心疲憊，沒有精神應付比較深入的談話。也或許，她在生活上有一些困擾，雖然妳很關心她，但她覺得妳的年紀還無法理解或分擔這些，所以沒有積極的回應。

倘若妳觀察到她有非常大的壓力，或不尋常的表現，妳必須要立刻找爸爸或姊姊商量，但要是在與平日沒有什麼差異的情況下，我相信媽媽只要能感受到妳的溫暖陪伴，就很足夠了。

妳還是可以口頭上試著跟她聊聊，但不成功，也不需要難過。有時寫個小紙條，畫張卡片，買點她愛吃的小東西……媽媽知道妳的心意，一定會甜在心裡，也漸漸會明白，並注意到妳的期待。

每個人都有不同的個性

對於人生的各種角色，我們常常抱有一種刻板印象，比方認為好媽媽就該溫柔慈愛，隨時關心、呵護孩子，而忘了全世界有這麼多的媽媽，每個人都有各自的觀念、個性與外在條件限制，當然會給人不同的面貌與感受。

如果妳觀察班上同學，妳會發現有的人一有煩惱就到處訴苦，有的人則傾向於安靜的自我消化。不同的個性有不同的養成背景，在人際關係上表現出來就是各異的表達方式和處理手法。不聊天談心，有可能是不喜歡表達，也可能是不習慣表達，更有可能是不善於表達。

我覺得，在這世界上能陪伴在自己所愛，也愛自己的人身邊，就是無比幸福、快樂的事。只要知道對方深愛，也關懷著自己，不要太介意對方的回應方式與自已想像期待中的是否相符。所有人都會喜歡被關心，但不見得能接受或適應別人採取的關心方式與好意。

不妨讀些星座、個性的書

或許妳可以試著讀一些星座、個性的書，然後從妳身邊的家人和同學去對比印證，說不定能找出最適用於妳和媽媽間的交流方式喔！

我並不鼓勵大家迷信或用星座去算命，但我覺得星座的個性分析可以讓我們深刻體會一件事：原來世界上有這麼多不同的個性和想法，別人看事情的角度和處理事情的方法跟自己如此不同，這樣未來在面對人際關係的困擾時，妳將有能力從不同的觀點來看問題，比較不會一直陷在自己的框框裡鑽牛角尖。

孩・子・可・以・這・樣・做：

1 媽媽有可能是工作壓力大，或在生活上有些困擾，倘若觀察到她有非常大的壓力，或不尋常的表現，請立刻找爸爸或姊姊商量。

2 若是與平日沒什麼差異，相信媽媽只要感受到妳的溫暖陪伴，就足夠了。

3試著跟媽媽聊，或有時寫個小紙條，畫張卡片，買點她愛吃的小東西……媽媽知道妳的心意，會漸漸明白，並注意到妳的期待。

4試著讀些星座、個性的書，從身邊的家人和同學去對比，說不定能找出最適合妳和媽媽間的交流方式喔！

國家圖書館預行編目資料

跟著梁旅珠教出好孩子／梁旅珠著--初版--台北市：寶瓶文化，2013.04
面；　公分. --（catcher；54）
ISBN 978-986-5896-24-9（平裝）

1.親職教育　2.子女教育　3.親子關係

528.2　　102005278

catcher 054

跟著梁旅珠教出好孩子

作者／梁旅珠
主編／張純玲

發行人／張寶琴
社長兼總編輯／朱亞君
主編／張純玲・簡伊玲
編輯／禹鐘月・賴逸娟
美術主編／林慧雯
校對／張純玲・陳佩伶・吳美滿・梁旅珠
企劃副理／蘇靜玲
業務經理／盧金城
財務主任／歐素琪　業務助理／林裕翔
出版者／寶瓶文化事業有限公司
地址／台北市110信義區基隆路一段180號8樓
電話／(02)27494988　傳真／(02)27495072
郵政劃撥／19446403　寶瓶文化事業有限公司
印刷廠／世和印製企業有限公司
總經銷／大和書報圖書股份有限公司　電話／(02)89902588
地址／新北市五股工業區五工五路2號　傳真／(02)22997900
E-mail／aquarius@udngroup.com

著作完成日期／二〇一三年一月
初版一刷日期／二〇一三年四月
初版七刷日期／二〇一三年四月十二日
ISBN／978-986-5896-24-9
定價／三二〇元

AQUARIUS 寶瓶 文化事業

愛書人卡

感謝您熱心的為我們填寫，
對您的意見，我們會認真的加以參考，
希望寶瓶文化推出的每一本書，都能得到您的肯定與永遠的支持。

系列：catcher 54 **書名：跟著梁旅珠教出好孩子**

1. 姓名：＿＿＿＿＿＿＿＿＿ 性別：□男 □女
2. 生日：＿＿＿年＿＿＿月＿＿＿日
3. 教育程度：□大學以上 □大學 □專科 □高中、高職 □高中職以下
4. 職業：＿＿＿＿＿＿＿＿
5. 聯絡地址：＿＿＿＿＿＿＿＿＿＿＿＿＿＿＿＿＿＿＿＿＿＿＿＿＿

   聯絡電話：＿＿＿＿＿＿＿＿＿ 手機：＿＿＿＿＿＿＿＿＿
6. E-mail信箱：＿＿＿＿＿＿＿＿＿＿＿＿＿＿＿＿＿＿

   □同意 □不同意 免費獲得寶瓶文化叢書訊息
7. 購買日期：＿＿＿ 年 ＿＿＿ 月 ＿＿＿日
8. 您得知本書的管道：□報紙／雜誌 □電視／電台 □親友介紹 □逛書店 □網路 □傳單／海報 □廣告 □其他
9. 您在哪裡買到本書：□書店，店名＿＿＿＿＿＿ □劃撥 □現場活動 □贈書 □網路購書，網站名稱：＿＿＿＿＿＿＿ □其他＿＿＿＿＿＿
10. 對本書的建議：（請填代號 1. 滿意 2. 尚可 3. 再改進，請提供意見）

    內容：＿＿＿＿＿＿＿＿＿＿＿＿＿

    封面：＿＿＿＿＿＿＿＿＿＿＿＿＿

    編排：＿＿＿＿＿＿＿＿＿＿＿＿＿

    其他：＿＿＿＿＿＿＿＿＿＿＿＿＿

    綜合意見：＿＿＿＿＿＿＿＿＿＿＿＿＿＿＿＿＿＿＿＿＿＿＿＿＿＿＿＿＿
11. 希望我們未來出版哪一類的書籍：＿＿＿＿＿＿＿＿＿＿＿＿＿＿＿＿＿

讓文字與書寫的聲音大鳴大放

寶瓶文化事業有限公司

（請沿此虛線剪下）

廣　告　回　函
北區郵政管理局登記
證北台字15345號
免貼郵票

寶瓶文化事業有限公司　收

110台北市信義區基隆路一段180號8樓

8F,180 KEELUNG RD.,SEC.1,

TAIPEI.(110)TAIWAN R.O.C.

（請沿虛線對折後寄回，謝謝）